eye

守望者

——

到灯塔去

〔德〕彼德·斯洛特戴克 著

常晅 译

思想的假死

Peter Sloterdijk

Scheintod
im
Denken

南京大学出版社

……诗人正确地指出，"精神是我们内心的神灵"，"凡人的生命中包含着神的一部分"……

因此，只有一个选择：要么进行哲学思考，要么告别生活，从那里离开……

——亚里士多德，《劝诫篇》

回归的假死之人和回归的摩西，从这两种人的身上，人们可以学到很多东西，但不能从他们身上获得决定性的东西，因为他们自己并没有经历过这些。如果他们真的经历了，就不会回归了。但我们也根本不想经历那些。

——弗朗茨·卡夫卡，《论假死》

目　录

序　言

作为实践生活形式的理论

女士们，先生们：

　　相传希腊哲学家伊壁鸠鲁（Epicurus）曾说过这样的话，大意是：一个人在公开演讲时应该想到，短的演讲和长的演讲是一样的。因此，我常在演讲开始时引用这句话，向通常略显吃惊的听众解释，他们必须为长的版本做好准备，相比短的版本，长的版本不损失任何东西。今天的情况亦是如此。为了让大家对未来一小时——当然，图宾根大学里的一小时，如众位行家所知，要比标准时间的 60 分钟更长一些——的内容有所了解，我想做一件事,一件据说古希腊的行吟诗人们在开始吟诵前偶尔会做的事情。我将尽可能提前告诉你们可预期的内容,逐点说明,并在目前计划允许的范围内让你们知道将听到的详细内容。这将从一开始就缓解不必要的紧张,而且当知道演讲者在开始、中间和结束阶段的意图后,你们将可以在完美的平静中自由地跟随他的演讲。

我把我的想法细分为四个部分,顺便说一下,这表明我不是以神学兄弟会成员的身份对你们讲话。如你们所知,神学家们最好把他们的思想安排成三章,因为他们喜欢把自己置于神的精神世界,在那里"三"这个数奠定了基调;或者有时也分成七段,因为他们想模仿造物主来提高自己声音的影响;又或者分成十段,以与十诫碑的作者看齐。然而,今天晚上,我将用古典哲学的四元论来尝试一下,而它正是基于这样的假设:要说出真相,就得讲到第四段。

那么我要从一般意义上开始谈论作为一般意

义上实践的人类学技术的科学，我将从事实和历史角度概述这一主题。为此，我将回溯哲学思想的两位创始人级别的人物。胡塞尔和苏格拉底，前者代表了哲学作为精确理论的现代重生，后者生活在距今近 2500 年前，他代表着古代人对真理和智慧的追求，可以说今天传播到世界各个角落、引发人们广泛讨论的"哲学"现象就是从他开始的。

在第二部分，我将仍然主要停留在导引层面，而不是直入主题，我将讨论有悬置能力（epoché-fähig）的人的多重受限性。这种表达可能看起来很晦涩，但请耐心等待，我还有机会解释它。目前，我想说的是，它包含着一个解释"理论活动"（bios theoretikós）现象的建议，这个现象及其许多变体在演化意义上是如此令人难以置信，在经验的角度上又是如此地重要。它的出现让人类社群两千多年来在伦理上感到不安，在认知上向前进步——这就让人有足够的理由去探索理论行为的可能性条件。

在第三部分，我将进入今天话题的核心，研究冷漠的人的形成，或者叫它们的自我生成。这需要我来讨论自古代以来就很著名的一个学说，即有认识能力的人的假死状态——当然鉴于时间限制，我将简要地讨论这个问题。我的目的是要说明为什么思考的人必须是一种正在休假的死人的观念与古代欧洲的理性文化，特别是古典的、受柏拉图启发的哲学密不可分。我们将有机会研究苏格拉底那臭名昭著的命题，即真正的智慧爱好者关心的是在他们生时尽可能地像死去了一样；如果我们相信唯心主义，那么只有死人才享有"自动"（autoptisch）看待彼世真理的特权，就像面对面一样。当然，这里的死人指的不是殡葬业所说的死者，而是哲学上的死人，他们抛弃了身体，成为纯粹的智力的或非个人的思维灵魂。在这种情况下，苏格拉底是在暗示，理论所倾向的这种死亡是可以通过某种方式学会的。因此，我们所说的方法不仅仅是通向事物的科学路径，也是指通向濒临死亡状态的方法，这是一种能够增强认知能力的状态。柏拉图已经认识到了死亡的前兆，尽管这并不是海德格尔在《存在与时间》(*Sein und Zeit*, 1927) 中为其坚决的"本真的此在"(authentisches Dasein) 理论所声称的"自己的死亡"。相反，这是一种奔向创造匿名的死亡，克服一切私人和个人的死亡，这种死亡即之后进入伟大的理论应该付出的代价。顺便说一句，这意味着曾经被称赞的"死亡的技艺"(ars moriendi)，即古代斯多葛学派和中世纪晚期一些神秘主义神学家认为是伦理的至高纪律的死亡艺术，并不像我们假设的那样意味着英雄主义成为沉思生活领域的一部分。相反，它是认识论的一个关键章节。鉴于柏拉图式的假设，即永恒的和不朽的东西只能通过与它们旗鼓相当的同类来认识，那么，寻找我们自身合适的器官去感知成了最重要的事情。它的成功决定了古人所理解的真正理论的可能性。如果我们不能在有生之年激活这种感知永恒的能力，我们对有效、持久知识的希望就只能落空了。然而，如果我们拥有了这种能力，就应该努力确保尽早地使用它。这就相当于试图"提前"死亡，不是为了死得更久，而是为了揭示我们身上潜在的不朽能力，同时我们仍然被困在那副凡人的躯壳之中。我们必须在这种奇特的、阴郁的问题的语境中来考察古代欧洲理性主义的形而上学基础——我们将看到，在这种情况下，"形而上学的"这个词的含义类似于"认识论-死亡学的"（epistemo-thanatologisch）。

在本讲座的第四部分，也是最后一部分，我将讨论现代认识论者与自然主义哲学家、思想家和各类激动的头脑一起对传统类型的理论家实施暗杀的企图。这个过程相当于杀死一个处在假死状态的人。我将在结尾处的思考中阐释这一出自相矛盾的闹剧——人们并不清楚这究竟是一场谋杀还是复活。在那里，我还将提出现代理性文化中的固有矛盾性问题,这个问题自它与形而上学的漫长推动阶段脱钩以来就一直存在。一方面,我们欢迎去世俗化知识重新回到世俗中来,认为这是文明的收获和政治机会,我们赞同沉思者回到世俗常人的圈子中来。然而,我们可能没有充分考虑到我们目前的认识论信仰是建立在一种难以归类的罪行之上,即杀死处于假死状态的人,基于这一行动,那些理论家会重新看起来和常人无异,无论他们是叫阿尔伯特·爱因斯坦、马克斯·韦伯、克劳德·列维-斯特劳斯,还是尼克拉斯·卢曼。

我意识到,这种思考把我带入了一个目前少有人进入,且更少有人研究的领域。现在有谁会质疑,为什么保护杰出的假死者对于古代欧洲的理论文化来说,就像圣人崇拜对于中世纪教会一样重要?正如我们离从"上帝已死"这句话中得出所有的结论还有一段距离一样,我们离理解"纯粹的观察者已死"这句话的所有隐含含义也非常遥远。认知过程的世俗化所需要的时间显然更长，如果我们把它和 19 世纪的大多数实证主义者、20世纪的核物理学家或 21 世纪的神经科学家所能预见的东西相比的话。杀死神圣的怪物——直到最近才被视为认知者的方式——这只是一个开始，结果如何仍然未知。此外，由于相当多的行动者联合起来参与这件事——我将总共列举出 10个之多——他们有着广泛的动机，使用的工具种类繁多，所以实际上也就不可能将责任按照确切的份额分配到每个攻击者的头上。

从事实上讲，这起犯罪涉及必须被称为"天使谋杀"（Angelozid）的案件，也就是说涉及一个从未被正式追诉的案件，因为无论是公诉人还是认识论者都不承认天使的存在。他们不认为天使是一类可被谋杀的对象，当然也就不可能追究针对他们的罪行。天使谋杀案的案例分析很复杂的原因在于，无法用证据来证实犯罪事实存在。虽然有大量的动机和疑似凶手，但没有天使样貌的尸体存在。相反,在实践理论的天使被破产清算的地方,真实的、过于真实的人,留在了报告厅、实验室、图书馆和永远开不完的系讨论会上。是的,如果这些去天使化的受害者真的有什么可抱怨的,那就是他们从优选的非现实性被拉回到了世俗的存在中。并非所有复活的对象都欢迎他们回归全然的生活;然后,我对一些当代理论家持怀疑态度,因为他对从无趣状态的美丽死亡被拖回认知的现实政治的舞台而感到遗憾。在此,我也请大家耐心等待,直到我的论述发展到足以让我来具体化我所能表达的东西。

似乎还有必要做出一个初步的评论。因为只有当我们认真对待"实践"(Übungen)一词的所有含义(包括作为练习或训练)时,下面的一切内容才能得到正确的理解和适当的分类,所以我必须事先对人类实践做出评论。它一直以来被现代主义理论所忽视,甚至成了一个被肆意地推到一边和蔑视的概念范畴。我的新书《你必须改变你的生活：论人类学技术》（*Du mußt dein Leben ändern: Über Antropotechnik*）在刚刚出版后的几个月[1]内得到了非常多有建设性的建议。书中，我试图恢复实践的崇高地位。鉴于实践在高度文明的精神气质中的重要性，这一点其实早就应该实现的。然而，由于现代哲学概念中的系统性缺失和主流社会学行动理论视野中的盲点，它至今仍被否定。在《你必须改变你的生活》中，我比较详细地展示了传统的人类行动的分类，也就是我们熟悉的最初只用于僧侣的"积极生活"（vita activa）和"沉思生活"（vita contemplativa）之间的区分，是如何与使实践这个维度不可见，甚至实际上不可想象的效应联系在一起的。一旦我们接受了"积极"和"沉思"之间根深蒂固的区别，好像它们是完全排他的，对于彼此是彻底的替代选择，那么，我们就会忽视人类的行为其实是一个范围很

1　Frankfurt am Main, März 2009.

广的复合体，它既不只是积极的，也不只是沉思的。我把这称为实践的生活。

从本质上讲，实践的生活构成了一个混合的领域：它似乎是沉思的，但又不放弃积极的特征；它是活跃的，但又不失沉思的视角。实践，或曰练习、锻炼，是最古老的，最有效果自我参照训练形式。它的影响并不像劳动或生产的过程那样涉及外部状态或对象；它们发展了实践者本身，使他作为能动的主体"塑造形态"。练习的结果显示在当前的"状态"中，即练习者的能力状态。根据不同的场合，这些能力状态分别被称为体质、美德、技艺、能力、卓越或健硕。作为其训练序列载体的主体通过完成典型的练习来保证和提高自己的技能——同一难度的练习则一般被认为是维持性练习，而难度等级不断提升的练习则是一种发展性练习。恰好古希腊运动员把他们的训练称为经典的"苦修"（askesis）（早期基督教僧侣也自命为"基督运动员"，这成为一种划时代的、持续施加影响力的模式),它总是同时包含着两方面。当我们把练习强行区分为理论和实践或积极和沉思的生活时,我们就忽略了其固有的价值。这同样适用于当代作者在行动理论中引入的区别,例如,把交流型行动和工具型行动,甚至把工作和互动放在一起做比较。这种对实践领域的结构划分也让实践生活的维度不可见。

　　我的书试图对实践生活的延展、权重及其大量的形式给出一个印象。书中,我引用了尼采的一句令人回味的话语:从宇宙中看去,形而上学时代的地球必然看起来像个"苦行僧星"——在这颗星上,没有生活乐趣的苦行僧民族对抗其内心本性的斗争是"最持久和最普遍的事实"。[1] 现在是时候了,我们应该抛弃否定生命的苦行主义,再次

1　Friedrich Nietzsche, *Zur Genealogie der Moral*, Dritte Abhand-lung: was bedeuten asketische Ideale?, in: ders., *Sämtliche Werke*, *Kritische Studienausgabe*, München 1980, Band 5, S. 362.

获得已经过时太久的肯定生活的技艺。

尼采的干预在很大程度上产生了矛盾的效果：关于地球上的居民"对自己"做出的所有工作，他们的禁欲苦修、他们的训练和他们为塑身所做的努力，无论这种趋势是积极的还是消极的，现代社会哲学家、批判理论家和无处不在的社会心理学家对此还是一如既往地不了解，因为他们对这种现象仍然戴着一副致盲的眼镜。在汉娜·阿伦特广为流传的《人的境况》(Vita activa)一书中，实践生活的情况也好不到哪里去，它在书中也并没有出现——这对于一部承诺解释"人类状况"(human condition)的研究来说，不能不说是一个奇怪的结果。[1] 现代生活世界中的公民早就知道了这一点，他们没有受理论家们的获得性盲目所影响。他们已经打开了被官方忽视的训练实践的通道，

1　Hannah Arendt, *The Human Condition*, Chicago 1958；deutsch: *Vita activa oder Vom tätigen Leben*, München/Zürich 1960, vierte Auflage 2006.

尼采提出的提升式苦修现在被冠以不同的名头——进修、训练、健美、运动、节食、自我设计、治疗、冥想——这些已经成为西方肯定绩效的亚文化中的主导方式。此外,所有的迹象都表明,东亚古老而伟大的实践大国,即中国和印度(就像日本曾经经历过的进程一样),已经完成了向全球导向的训练形式的转变。他们已经启动了一个全新的、积极的绩效制度,很快可能会超过厌倦了的欧洲人所完成的一切。

在关注人类生存的实践方面时,我考虑到了一个表面上微不足道,其影响却不可预测地深远的事实:人们所做的和能做的一切,都会被掌握得好一些或者差一些,相应地,做的也会有更好些的或更差些的。总是有技艺精湛者和实践操作者不断地参与到自发形成的关于技能和操作的或好或坏的排序中来——我把这类区分行为定义为人类生存中固有的纵向张力的表达。我所提出的实践的技术定义,为非自愿的垂直性现象开辟了第一种进入方式：在每一次实践的行为中，行动都是以这样一种方式执行的，即它现在的执行共同制约了它以后的一系列执行。我们可以说，所有的生命都是杂技，尽管我们生命表达中只有最小的一部分能够以其一直以来就是什么的样子而为我们所感知——那便是实践和生活方式要素造成的结果而那生活方式行于几乎不可能的钢丝上。

在《你必须改变你的生活》中，我开始关注与卡尔·雅斯贝尔斯（Karl Jaspers）所说的"轴心时代"（Achsenzeit）所出现的激进伦理有关的古代实践体系。这是公元前的一千年内通过帝国的（和帝国-批判的）世界面貌创造而来的文明大事件。在我看来，古代的训练文化主要是伦理上的自我改造系统。它们的功能是使人类与宇宙的总纲领或神圣的教规保持一致。他们经常规定过度的身体和精神禁欲主义。在欧洲的现代，有一种趋势是将这些体系统纳入"宗教"这个具有误导性的标题之下，而没有考虑到"宗教"作为一个基督教-

罗马的概念——虽然在启蒙运动中被中性地用作一个文化人类学类术语——被强行移植到了这些现象上。这个词很难对印度、中国、伊朗、犹太和古代欧洲的生活哲学体系做出公正的评价。[1] 我们在下文中不会再讨论伦理实践综合体和屈从于更高权力的"宗教性"实践以及培养幻想的集体仪式形式之间的区别。目前,我们关注的唯一问题是,我们是否可以将我们对古代伦理学中所揭示的隐性和显性实践生活结构的洞见扩大到理论行为领域。如果我不能确定一个肯定的答案,我将不得不在这一点上中断我的考察。

顺便提一下,我在《你必须改变你的生活》一书中也提议将艺术史学科重新表述为艺术的或

---

[1]   完全拒绝"宗教"一词的理由我在以下部分中列出:"Du mußt dein Leben ändern", a.a.O., S.133 - 170。出于其他动机,威尔弗雷德·坎特维尔·史密斯(Wilfred Cantwell Smith),20 世纪"宗教"学大师在他的经典作品《宗教的意义与终结》[*The Meaning and End of Religion*,(zuerst 1962), Minneapolis 1991]中得出过类似的结论。

精湛技艺的禁欲苦修的历史时，将实践概念包含
的区域做了类比延伸。就像科学史通常假定从事
其各自学科研究活动的科学家已经存在一样，艺
术史自始也假定作为艺术品生产者的艺术家是艺
术活动的天然载体，而且这些行动者一直存在。
如果我们把这两种情况下的"概念舞台"旋转九十
度会发生什么呢？如果我们首先观察的是艺术家
成为艺术家的努力，又会发生什么？这样我们就
可以或多或少地从一个侧面看到这个领域的每一
个现象，除了我们熟悉的作为已完成的作品的艺
术品构成的艺术史之外，我们还可以获得一部使
艺术成为可能的训练史和塑造艺术家的禁欲苦修
的历史。用一个类似的手法，在通常的作为问题、
论述和结果的科学史旁边，我们同样可以追踪使
学术得以进行的实践和练习是如何形成的——从
而叙述一个自我征服的历史，使那些迄今为止使
用理论前阶段的"正常语言"的人进入理论思想的
联盟中。这种类型的间离感是禁欲苦修史研究任

务的特点。

这会导致我们的观察方式有哪些变化呢？我在关于我卡尔斯鲁厄的同事汉斯·贝尔廷（Hans Belting）的《图像与崇拜》（*Bild und Kult*，1990）一书的评论中，对此做出了阐释。[1] 这部关于"前艺术阶段"图像的精湛历史，在我看来在创造图像的禁欲苦修的历史这方面是最有意义的。如果我们像贝尔廷所说的那样，假设欧洲绘画文化的传统是从希腊化的基督教崇拜的圣像画开始的，那么从一开始我们就遇到了一种图像制作的实践形式，其中艺术和苦修实践形成了一种完美的统一体。圣像画家一生都在无休止地重复工作，处理由少数元素组成的单一创作对象，他甚至相信自己只不过是超自然的图像之光的工具，而这种图像之光假借他的手涌入作品。这始终建立在一个基本假设之上，即真实的原始画面即使没有画师

1　"Du mußt dein Leben ändern", a. a. O., S. 571f.

作为中介也能投射到视觉世界中,尽管这种情况极为罕见。这种直接的倾泻将是一个神迹的幻灯,无须借助画家的通道,直接从天堂降临。至于用人手绘制的图像,只有在它们忘我地与未绘制的原始图像相似时才是好的。基督就是这样一张幻灯片,是三维的,能够受苦;他在维罗尼卡面纱上的形象也是一张幻灯片,但投射在二维空间,没有受苦。从"宗教"圣像的绘画练习开始,我们可以将欧洲艺术史描述为技能练习的大量积累、形式上的卓越和技术上的苦修,最终在顶峰诞生了那些著名的最高形式。这个过程为艺术方法的稳步扩展以及对艺术家重要性的夸张想法创造了条件。艺术卓越的自我指涉性不断增加,直到现代开端的分水岭,导致了视觉艺术中实践意识的下降。

I

理论苦修主义，现代与古典时代

今晚的讨论将不涉及现代艺术中实践生活的复杂性，也不涉及古典时代和中世纪的体育与宗教禁欲苦修。我们的主题是作为实践的科学，或者说作为人类技术的科学，后一个术语在这里意味着人们利用实践来发展自我。我将抛开对可能的优生学和遗传学操纵的推想，从柏拉图到托洛茨基都对这些猜测进行了阐释，只是严肃程度不同罢了。[1] 在给这个章节起这个具体的标题时，

---

[1] 人类技术（Antropotechnik）这个表达最早出现在 1926 年《苏联大百科全书》中的一个词条；米夏埃尔·哈格迈斯特（Michael Hagemeister）教授告诉了我这点，对此我表示由衷的感谢。

我们已经表达了这样的想法：一个致力于从事理论的职业必须被视为某种程度上的禁欲苦修，而且这是一个帮助从事学术活动行动者本人不断得到塑造的过程。在这种情况下，学术不仅仅意味着其研究结果的总和；它也是帮助其后辈从日常行为过渡到理论行为的精神或逻辑程序的集中体现。顺便说一下，在下面的内容中，我将最小化科学和哲学之间的差异，并将古代欧洲理性文化的两个分支并列地视为"理论活动"的特征，而不讨论它们的具体品质和程度越来越深的相互疏远。

据我所知，亵渎神明的人最初总是其部落偶像的崇拜者，渎神之人改造成为理论的人的这一过程的历史从未被书写过——至多在流行的思想史的字里行间被顺便提及。根据不同的主题，我们会在谈论并入科学过程的发生条件时遇到它，也就是说，主要是在教育学和人类学关于方法理论的旁白与脚注中。实践和方法之间的密切关系表现在一长串的基础知识中，从今天的初级课程，至古希腊和古希腊之前教导最初的理论基础的导论。诚然，只要我们继续相信以"基本问题"或"结果"为导向的思想史，我们就会自然地倾向于忽视这一类现象。我们也无法正确认识它的意义，因为我们会忽视这样的事实，即所有的"思想"、定理和话语，如果没有嵌入正在进行的重复生活的连续体当中，就都会像水面上的文字一样消失殆尽。此外，这些连续体过程保证了认识论的特色和话语的常规。这首先应该算上从事理论研究的人所进行的阅读和书写的练习，它高于所有知识，又密切影响着知识，这就是为什么高度发达的文化几乎总是和书写文化是同义词。

为了说明我们可以在我们的文化背景下观察有关现象的历史时间的跨度，我想在这里提出两个证据——一个是相对较近的，来自 20 世纪初的证据，表明了近期发展的最新高度；另一个是历史悠久的证据，把我们带回柏拉图建立雅典学院，完成哲学和诸哲理科学的基础的时代。

请允许我以一份鲜为人知的文档开始我们今天的游览,它提供了一种使我们的问题几乎可以晶莹剔透地呈现出来的可能性。我将引用埃德蒙德·胡塞尔写给当时住在维也纳附近罗达恩的诗人冯·霍夫曼斯塔尔(Hugo von Hofmannsthal)的信中的一些段落。胡塞尔自 1906 年以来一直是哥廷根大学的哲学系教授,1900 年以来为现象学运动的关键人物。这封信的落款日期是 1907 年1 月 12 日。我们很快就会看到,哲学家写这封哲学书简是希望比他小 15 岁的霍夫曼斯塔尔作为想象中的同盟者参与到他的理论项目中来。更谨慎地说,胡塞尔想把作家霍夫曼斯塔与他的项目远远地联系在一起,不是具体合作的模式,而是展示同时代人之间空灵的共谋,只因他们对世界的严格沉思态度有着不寻常的偏好。通过与霍夫曼斯塔尔接触,胡塞尔抓住了一个在他自己看来非常诱人的机会,与哈布斯堡晚期现代主义的著名诗人建立共同的思想阵线,并在胜利的一大群实用主义者和自然主义者的包围中,举起书写着"纯粹的观察者"大旗来观察生活事件。在收到哲学家的来信之前,霍夫曼斯塔尔曾在一个月前见过胡塞尔。霍夫曼斯塔尔彼时在德国做作品巡回朗读,并在哥廷根做了一场题为"诗人和这个时代"的讲座,同时拜访了胡塞尔。霍夫曼斯塔尔当时年仅 32 岁,他向哥廷根的听众们袒露了心中一种创造性的信仰,诗人的自我作为一位普世的证人,即成为存在的活生生的档案和世界募捐的焦点。

　　他在这里,他的存在不关任何人的事。他在这里,无声无息地改变位置,就是眼睛和耳朵……他是旁观者,不,是隐藏的战友,是万物的无声的兄弟……他从一切中受苦,在苦难中享受一切……因为对他来说,人和事、思想和梦想都是统一的……他不能忽视任何东西……仿佛他的眼睛是没有眼睑的……一切都必须而且将聚集在他体内……是他将时

间的元素连接在自己体内。现在就在他里
面,不在任何其他地方。[1]

这些关于诗意观察者的存在的话语足以余韵
绕梁,甚至在一个月以后还在哲学家的脑海中产
生共鸣,这表明了他的认同。胡塞尔信中的语气
和内容没有留任何怀疑的余地。他觉得自己受到
了激发,把诗人在收集周围印象时表现出的无我
的被动性与他自己的哲学在观察和解释中的超个
人活动等同了起来。一段时间以来,他确信沉思
行为有可能从每周日的、次一等级的、懒散闲适的
地位中解放出来,由于心理学、社会学和自然学的
胜利进军,它已经沦落到这种地位。胡塞尔在接
下来的几年里于"现象学方法"的旗帜下发展出来
的,正是一系列有利于这样一个基本论点的论证:

1　Hugo von Hofmannsthal, "Der Dichter und diese Zeit", in:
　　ders., *Gesammelte Werke in Einzelausgaben*, Prosa Ⅱ,
　　Frankfurt am Main 1959, S. 244f.

现在时机已然成熟,可以将哲学上升为一种严格的科学(strenge Wissenschaft)了。或者甚至可以说,随着方法论的现代化,为了捍卫精确的沉思,可以将其发展成为一种反击了。胡塞尔的设想不外乎将直觉转化为精确的工作,也就是消除了理性的工作日和节假日之间的区别。让我引用一段较长的文字,它来自关于一次专业交流的尝试的动人记录。

最尊敬的冯·霍夫曼斯塔尔先生,

您告诉过我,不断增加的大量通信给您的生活带来了麻烦。但我觉得有必要感谢您,因为您用一份珍贵的礼物使我倍感高兴。现在,您就必须承担这一恶行的后果,也必须忍受这封信。请原谅我没有立即向您表示感谢。我突然有了如从天而降的灵感,那就是我追寻了很久的思想合成物。我一直忙着要把它们固定住。您的《短剧》[1]一直陪伴在我左右,给了我很大的启发,尽管我没有太多时间来连续阅读。

您的艺术以纯美学的方式描绘"内在领域"(innere Zuständigkeit)——或者您不是这样描绘,却将其提升到纯美学的理想境界——这对我来说,在审美对象化方面特别有趣:也就是说,这不仅仅是我作为一个艺术爱好者的感受,也是作为一个哲学家和"现象学家"的感受。我花了多年时间试图清楚地了解基本的哲学问题,然后找到解决这些问题的方法,作为最终余下的增益便是"现象学"的方法。它要求对所有形式的客观性采取一种严重偏离自然执态[2]的执态,这种立场与您用纯粹的审美的艺术将我们带到同所描

---

1 Leipzig 1906.

2 执态(Stellungnahme),胡塞尔思想中的重要术语,可概括为主体在面对世界时采取的某种态度和主动介入,该概念强调主体的意向性和主动性。——编者注

绘的对象和整个艺术世界有关的态度与立场具有相似之处。对审美艺术作品的感知如果要实现,必须严格防止理智有任何关于存在的执态,并防止任何基于这种存在执态的感受和意志产生。说得更清楚一点,艺术作品使我们(可以说是强迫我们)进入一种排除了这些执态的纯审美直感状态。艺术作品越是与存在世界产生呼应,或被从中生动地汲取,艺术作品就越是要求自身表达关于存在的执态(例如,作为自然主义的感官幻象:摄影的自然之真),作品在审美上就越不纯粹。(这也适用于任何一种"趋势"。)自然的精神执态,现实生活的执态,绝对是"关于存在的"(existential)[1]。那些生动具体地立在我们面前的事物,那些成为专题和学术讨论的主题的事物,是我们假设的现实,而情绪和意志的行为是基于这种对存在的假设:喜悦,"就是

---

[1] 即自然执态下会设定世界存在。——编者注

这";悲伤,"就不是那个";希望,"它可以是";
等等。(＝情绪的存在执态):这是纯粹审美
感知的态度及其相应的精神状态的对极(Ge-
genpol)。但它也同样适用于纯粹的现象学心
态,这是解决单纯哲学问题的态度,因为现象
学方法也要求严格切断所有的存在执态……

……这样一来,所有的科学和所有的现
实(包括自"我"的现实)都变成了单纯的"现
象"。就只剩下一件事情:在纯粹的观看(在纯
粹的观看分析和抽象中)……从不,在任何地方
越过单纯的现象(bloße Phänomene)……将其
内部固有的意义清晰揭示出来……

世界(对艺术家来说),因为他对世界的凝
视,而成为一种现象;它的存在对他而言就像对
(理性批判中的)哲学家一样无关紧要……[1]

1　Edmund Husserl, *Arbeit an den Phänomenen. Ausgewählte
　　Schriften*, herausgegeben und mit einem Nachwort versehen von
　　Bernhard Waldenfels, Frankfurt am Main 1993, S. 118 - 120.

只须强调这篇重要而诡异的文献中的某些短语就足够了。即使一百多年后的今天我们读来，仍然会觉得胡塞尔关于联盟的建议中那婉转的天真具有一种悲喜剧（tragikomisch）的感觉。汉斯·布鲁门贝格（Hans Blumenberg）尽管对胡塞尔十分钦佩，但还是忍不住调侃道，在胡塞尔那里，激进与荒唐往往在很近的距离上并驾齐驱。[1]在这封信的事实部分中，柏拉图式思想一下子跃入眼帘，按照这种思路，生活和反思就分别进入两个截然分开的阵营之中。这两个层面的关系就像纵欲和禁欲或污秽和洁净一样。在胡塞尔的词汇中，"纯粹无瑕"（rein）这个词构成了其独有的气韵，这并非巧合：在引用的短短节选中，它就出现了十次之多，它既可以用作形容词，如在"审美上毫无瑕疵"（ästhetisch rein）这样的短语中，还可以作为副

---

1 Hans Blumenberg, *Ein mögliches Selbstverständnis. Aus dem Nachlaß*, Stuttgart 1997, S. 85.

词使用，如在"纯审美"（rein ästhetisch）或"纯粹现象学"（rein phänomenologisch）这样的表达当中。力求达到纯粹性的努力，与试图创造一种连接意识中状态的完全"观看的"关系是绑定在一起的。胡塞尔一生都在努力重新创造一种沉思的生活方式，他打算把这种生活方式建立在一种适当的认知方式之上。1929年，哲学家70岁时的总结听起来有一丝悲怆：他写道，他必须从事哲学工作，否则他将无法生活在这个世界上。

由于在胡塞尔看来，一切现实生活究其"自然态度"意味着"执态"，这也就意味着卷入了生活问题，并被束缚在日常生活的橹舰（Galeere）上受罚，因此关于直感的甚至是"纯直感"行为的可能性的决定就完完全全取决于能否证明不必表达态度。这意味着，理论如果要做到纯粹，那么即使不能完全消解其对于现实存在的载体的固着，也至少应该能够暂时解除与其绑定的关系。具有典型意义的还有，胡塞尔通常将"关于存在的/存在性的"

(existential)一词附加到"执态"这个词上。不久之后，海德格尔从一个截然相反的角度出发，把同一个词带入一种不再是沉思式的哲学的中心。新的"关于存在的"哲学不仅会强调"操心"（Sorge）的优先地位，而且会坚决地表明历史时刻必要地席卷了它，就好像存在的"被抛掷性"（Geworfenheit）无可避免地导致被伟大的"本有/本成/事件"（Ereignis）所裹挟。然而，恰恰在这个时候，当革命性的狂飙突进（Sturm-und-Drang）的写作者海德格尔高举"存在"的盾牌和狂风暴雨一起突进时，胡塞尔把他所有的关注再次——我觉得是最后一次——聚焦于"存在执态"。他所设想的是确保在一个无风的区域里，思想摆脱了现实存在的无理要求，从而可以享受关于现象的无休止的工作。

这些观点为一系列问题提供了一个初步的方法，而这些问题又导出了我们的研究。如果有一个愉快的机会，从事理论的研究工作，并从理论的实践性方面进行观察，无论是从事哲学，还是从事科学，我们在这里看到了胡塞尔所努力追求的东西：赢得一片理论纯粹性和纯理论的领域。正如我们所指出的，这种斗争拥有一种试图完全净化的特质。它会制止生命走向原始污垢（urschmutzig）的倾向，即卷入与生命本身有关的一切并对其执态的倾向。胡塞尔把这种停在理论白线上的行为称为"加括号"（Einklammerung）[1]或"关闭"（Ausschaltung）其"自然立场"。人的努力可以被描述为了赢得可能的"不斗争"而进行的斗争。进行这种斗争是为了实现一种准存在的或存在之外的中立性。得益于此，意识应该从其"自身"事务中退出，并习得一种最初看起来不太可能的毫不关注地绕过"事物本身"的惯习（Habitus）。

如果说科学——或者更谨慎地表述为，理论

---

[1] Einklammerung，胡塞尔常用的词，可理解为暂不考虑、悬置判断，将预先设定的存在加括号或放入括号（所以悬置还被称为括弧法）。——译者注

上的"态度"（Haltung）本身，从中可产生出一种具
体科学——是一个实践的问题，那么基础的训练
（Übung，来自拉丁文的 cardo，门的铰链之意）将
必须是一种后退训练（Rückzugsübung）。这将是
训练不进行态度表达的实践，一项去存在（De-Ex-
istentialisierung）的练习，一个在生活当中暂停参
与生活的艺术尝试。只有通过这个狭窄的门，思
想才能进入一个纯粹观察的领域，在这个领域里，
生活中的事物不再直接触及我们。观察的自我应
该取代之前表达态度的自我所占据的位置。

　　对于这个奇怪的旁观者自我来说：我这个人
不是进入剧演（Theater），然后再以净化了的方式
从里面出来；而是他事先（我们并不知道以何种方
式）净化了以后进入剧演，以便将他的纯粹性传递
给那里呈现在他眼前的一切。如果这种观看可以
通过耐心的训练来实现，那么，一个人的生活就会
像教科书中的插图一样展示出各种可能的生命形
式。事实上，"纯粹"的思想不外乎我们对这些插

图的考察，当我们凝视着意识之书中打开的一页时——并且同时我们假装，我们仿佛忘记了能够直接接触的唯一意识便是自己的意识的事实。然而，这种特殊性此刻就变得不那么重要——即使是我的存在，也仅仅被看成一般的本质关联中的一个个别案例。我的生命已经变得不过是一个偶然的信息来源，就像函数图像上的一个点，而我们感兴趣的其实是整个函数方程。

我们应该警惕，不要把这种净化的努力看作一种时间错乱的行为。它的现代性从摄影术的粉墨登场这一事实中彰显出来，摄影术在逻辑上堪称它的姐妹，即使胡塞尔在他的信中以居高临下的姿态把摄影术定义为庸俗自然主义的帮凶。事实上，他自己就是另一种媒介中的"摄影师"。如果说摄影术是一种图像的生产，是技术时代在光敏材料上"用光影绘图"的过程，那么现象学就是它在 19 世纪末的哲学对应物。现象学将现代媒体艺术转移到了心灵的领域，它把看到的周围环境以及任意可见的、可感觉到的生活内容转换成静态的、去语境化的、内在的图像，由此来实现它。随着时间的推移，它也学会了利用活动图像的方式——显而易见，因为当人把注意力投放到内心的观念世界，就会立刻感知到意识持久的电影创作，并很快得出结论，这种电影创作也值得进行专门的影视分析——它本身就呈现为一种内在时间意识的理论。

这里讨论的图像是用意识的相机记录的。一旦胶片被曝光，并从内在观察的定影液罐子中取出来，这些照片就会获得一种哲学上的地位，对档案馆或博物馆也有意义。所有实践形式中的训练就是要把从存在中捕获的图像发展成为现象。它们被归档在现象学的收藏中——过去几十年来最有哲学意义的档案理论，无论是雅克·德里达（Jacques Derrida）还是鲍里斯·格罗伊斯（Boris Groys），都或多或少明确地受到现象学的启发，这不足为奇。档案是一份收藏，其内容完全由那些从束缚在生活中的负担中释放出来的东西组成。又由于随着时间的推移,越来越多的"事物"(Dinge)可以解放出来,去掉语境,去掉活性,档案就处于一个不断增加的过程之中。这里正在扩大的就是从现实的苛求中释放出来的"事物"的区域。正如黑格尔所设想的古典博物馆的模式一样[1],胡塞尔设想了现代博物馆的模式。

如果生活一直意味着参与,那么现象学思维就意味着:练习不参与——特别注意,这里不是说不参与外部的事务性工作,而是指不参与自己的执态的生活——简言之,就是不参与个人的自我。这方面的可见的结果,即对意识状态的静物描写,将被保存在永久收藏中。最好的现象学家将是最严格的档案保管员。他将是最能从中理解到自己其实是从未真正参与过存在的思想家。他将展示

1　比较:Beat Wyss, *Trauer der Vollendung. Die Geburt der Kulturkritik*, 3. durchgesehene Auflage, Ostfildern 1997。

如何能让自己进入永久的收藏中。

几年后,胡塞尔发明了"悬置"(epoché)这个词,用来表示将自己与屈于世界戏剧舞台的直接管辖之下的生活拉开距离的姿态。这个术语的初次使用见于胡塞尔 1913 年出版的《纯粹现象学思想》(*Idee zu einer reinen Phänomenologie*)第 32 段中,现象学学派内部,这篇文献被简单地称为"思想"。我们有很多理由应该去重点关注"悬置"这个词。首先,它与本主题相关,因为它为实践技术的基本操作提供了一个非常精细化的规范,使得理论可以在前面提到的意义上实现。它代表着从所有参与到存在中的形式中"退后一步"。它表示坚决与直接来自存在的观念保持距离;它要求将存在执态放进括号;它允许事物的现象化,对意识内容的"理想化"的实质化,从而提供了条件,以便耐心地描述"现象"在意识领域中的存在方式。

第二,"悬置"这一表述因其来源而格外有韵味,因为胡塞尔从希腊怀疑论者的术语中借用了它。如我们所知,怀疑论者就是这样描述其推崇的放弃判断的态度,或者更准确地说,是徘徊游走于既有派别诸学说之间的艺术,以避免谈论市场上商人的虚构和酒吧里水手的奇幻故事。值得注意的是,在某些方面,古代的怀疑论其实在某种程度上代表了现代酷文化(Coolnesskultur)的先声。它为希腊和罗马城市的知识分子与半调子受教育者提供了一种面对严肃哲学体系——如柏拉图派、逍遥学派、斯多葛派和伊壁鸠鲁派——时易于模仿的自由讽刺态度。在这种情况下,"悬置"或者说存而不论的态度正对应于顾客在市场上悠闲地东张西望,而又什么都不购买的行为。

怀疑论在现代发端之时以双重类型回归:第一次是作为杂文流派而独立存在,他们对结果的开放态度被视为一种智识上的美德,并刻意加以培养;第二次是以辅助的功能出现,作为追求终极论证了的知识的亲密对手,在这个角色中,他们应该作为系统建设型知识分子在其认知绝对主义项目中的陪练员。系统论者们早就知道，如果你不能摆脱怀疑主义，你就将一事无成，但如果你不能从头到尾地忍受一定量的怀疑（de omnibus est du-bitandum），你也永远无法庆祝系统建设中的新屋上梁仪式。

胡塞尔属于近现代准顺势而为的思想家群体，这些人——以笛卡尔和黑格尔为首——将方法论和存在论的怀疑吸收入其程序的核心，以便在克服最极端的不确定性之后产生出最大的确定性。这样一来，无法在关键的几个替代选项之间做出决定带来的苦痛为完全的决定性做了准备，即使不是完全的决定，也至少是做出完全决定的样子。胡塞尔超越了古代的怀疑论者，因为他不想仅仅徘徊在主要哲学倾向的理论之间——这就是他远离狄尔泰这个新怀疑论"世界观哲学"的创始人的原因。胡塞尔还想超越原始绝对主义者笛卡尔，因为他不满足于"我思""我在""存在（我）存在着"和"上帝存在"这些短语的同等确定性

(Gleichgewissheit)。他决定,暂停提供给他自己"我是感觉"的重要证据,暂停个人存在的"教条式"低语,暂停自我束缚的倾向和利益的整个综合体,以便他完全撤回到内心的堡垒,或者,不用那么斯多葛派的话语,而用更新、更技术性的术语来说——撤回到内心的实验室中,那里,精神照片提供精确的、可理解的图像。

最后,"悬置"这个词是有启示性的,因为它显示了思想的时间性或判断与某个时间的关联性是如何渗透到哲学意识中的。正如我们所知,对时间的敏感性,连同反思性,正是认知现代性的主要特征之一。这就是为什么我们总是问,事情是按什么顺序思考的,以及它们在这个顺序当前的顶端是如何表述的。我们确信一种信念紧随在另一种信念之后(或一种范式紧随在另一种范式之后),而且可能不会有一个持久的和最终的信念,自从我们确信了这一信念以来,就更频繁和迫切地使用"后"(post-)这个前缀。因此,"Epoche"一

词今天大多在历史的意义上使用，表示时代或纪
元的意思，而不是怀疑论者或现象学中所定义的
"悬置"。它是 18 世纪以后才确立起来的历史科学
中的术语。那个时候正是卢克莱修的名言"万事皆
同"（Eadem sunt omnia semper）[1]效力终结的时
候。自从我们开始把世界理解为受历史推动的实
体以来，"纪元"一词就如同疫病一样蔓延开来，因
为它代表着这样一种观点：在"进化"过程中，有多
个不同的费希特和黑格尔所说的"世界条件"需要
区分开来。现代世界对这种说法的合理性毫无抵
抗力。如果我们谈论古典时代、中世纪和近现代，
或者区分资产阶级世界和封建世界，又或者是区
分手写时代和印刷时代，我们是在使用关于全球
性或地区性条件以及技术的重大突破足够改变世
界的通行观点。换句话说，在历史意义上，"纪元"
的意思不过是一个产生距离的切口。它的作用效

1　Titus Lucretius Carus, *De rerum natura*，Buch Ⅲ，945.

果就是,后来的事件不能再被看成前面事件的直接延续了。在那些被称为"纪元"的时间跨度之间有一些分隔事件,人们根据不同语境,分别称之为断裂、飞跃、转型、革命或灾难。每个自称与时俱进的人必须以他以及他的文化社区所认为的最后的决定性分水岭来确定时间。在这个意义上,我们注定要受制于现实。我们以革命的方式思考。

对于胡塞尔的语言世界来说,"悬置"(Epoche)一词的使用具有一种并非次要的意义:哲学家区分了在现象学意义的重大转折之前和之后出现的意识生活状态。他的方法旨在创造新的时代,通过引导哲学走出其天真烂漫的时代,将其带入反思的时代,从而使其本身具有划时代意义。在这一点上,它与费希特的历史哲学思想相近。这中间包含了哲学政变主义的因素,使"自然态度"丧失了权力。据此,那些赞同存在决定意识论断的庸俗本体论者必须接受更好的教训。意识通过考虑到存在不断尝试被意识感知而与存在保持距离，不过度迎合注意力的寻求者。

回过头来，我想不带一丝贬义地指出，胡塞尔在充满善意但无比坚持地寻求来自艺术领域的联盟伙伴时，极大概率地选错了对象。冯·霍夫曼斯塔尔只有在他是柏拉图化的、歌德和古典主义时代美学的真正后裔时，才可能是与胡塞尔灵魂相近的人或盟友，并且这一切完全出于哲学家的假想，完全没有通过阅读他的作品来验证。这让我们几乎可以得出结论，哲学家们都是宁可做出臆断也不愿意阅读细节的人。实际上，霍夫曼斯塔尔当时的美学项目，包括放在胡塞尔案头的《短剧》，早已反映了艺术的大危机，而这也预示着激进现代主义的到来。霍夫曼斯塔尔 1902 年秋天关于诗歌理论的文章《一封信》，被文学专家称为"钱多斯的信"（Chandos-Brief），像一盏明灯一样闪亮。它阐明了对表达的深度绝望、对整体性的怀疑，以及对世界能保有秩序的怀疑，这种绝望是胡塞尔本人从未了解过的，甚至在他最深的抑郁症中也不曾有过。霍夫曼斯塔尔在哥廷根的演讲中提到了他敏锐但毫无防备的意识,这导致他收集一切。然而,这表明他的想法只是看起来与当时正在同沉思的数学化和精确的直觉领域的边界做斗争的胡塞尔有几分相近。

可以肯定的是,只要两位作者自相矛盾地正面谈论"冷漠",我们就会看到一种表面上的相似性。正如胡塞尔所说的那样,对于艺术家来说,"世界……成为一种现象;它的存在对他而言就像对(理性批判中的)哲学家一样无关紧要"(见上文第 34 页)。用冯·霍夫曼斯塔尔的话说,"因为对他来说,人和事物、思想和梦想都是统一"(见上文第 29 页及其后)。然而,这种亲缘关系的表象是虚假的,在形式和实质上都是如此。描述现象的胡塞尔方法论上的冷漠和作为世界材料的诗意收集者的霍夫曼斯塔尔的印象主义冷漠之间,存在着一条深深的鸿沟。受马拉美的启发,霍夫曼斯塔尔已经意识到,诗中的一个词与作为"生命目的的载体"的词,即使它们是同一个词,也没有什么共同之处。审美还原(Reduktion)遵循它自己的规律:在它的领域里,符号必须完全与其他符号排列组合在一起,而不是与事物和生活的事实排列在一起。胡戈·冯·霍夫曼斯塔尔从未执行过胡塞尔所谓的现象学还原;他对哲学的悬置毫无概念,他对判断力的放弃根本不是出于方法论的动机,因为他没有把他的存在意识括约住;相反,他把它释放出来,达到了泛印象主义的、具有奢华和受虐特征的程度。乍一看是纯美学观察的练习,其实是放荡成为混合被动的状态。这种收集一切并忏悔一切的活力论最为接近的类型学近亲并不在哲学领域,而是在法国现代主义之前的象征主义当中,例如波德莱尔的散文诗中。这里,我们首先应该提到 1869 年在作家去世后才编辑出版的选集《巴黎的脾性》(*Spleen de Paris*)中的著名剧本《人群》(*Les foules*),其中波德莱尔将他如痴如狂地追寻意象、漫无目的地在大城市的汹涌人流中游荡歌颂为一种"灵魂的圣洁卖淫"。胡塞尔如果发现了，他的座上贵宾高贵、忧郁的准理想主义并没有隐藏任何柏拉图式的精灵（daimonion），而不过是哈布斯堡王朝后期不抵抗的神秘主义的变种，那么他一定会震惊不已。的确，这种态度也是为了征服整个世界，但不再是通过帝国的综合，而是通过黑暗的直觉，其中一切都与其他事物交织在一起。全神贯注的卖淫要献上最后的世界戏剧。

冯·霍夫曼斯塔尔的儿子弗朗茨（Franz）死于开枪自杀。1929 年 7 月，他在去儿子葬礼的路上又死于中风。他下葬时身着方济各会僧侣的服装。从胡塞尔在 1934 年写的一封信中可以看出，当时已经 75 岁高龄的哲学家放弃了对结盟、借鉴和团结统一的追求。他无可奈何地写道："我已经达到了哲学上的完全孤独。"他说，他也只能存在于一种"宁静致远"之中，作为一个"绝对的纯粹功能者"。[1] 彼时，他已经老到可以见证执态生活对沉思理论的复仇，它在他身边随处可见。但当他在 1938 年去世时，他也已经目睹了欧洲精神堕入地狱的开始，并且不可避免地认识到，德国对这堕落的贡献竟如此之大。

早在 1920 年代中期开始，胡塞尔就看到一列列火车经过——满载着存在、时间和情境的志愿者——经过弗莱堡、莫斯科和巴黎，驶向最终的政治目的地。火车在哪里停下，那些放弃了沉思理论的旅行者就在哪里下车。所有这些被推动的人都宣称执态、关注、兴趣、党派和斗争至上。他们给自己的信仰起了一个名字，它像一个闪亮的污点一样附着在 20 世纪的思想之中：参与/介入（Engagement）。早在 1927 年，法国思想家朱利安·本达（Julien Benda）谈到整个现代哲学时，做

1　1934 年 5 月 17 日，致鲁道夫·潘维茨（Rudolf Pannwitz）的信。引自：*Husserl. Ausgewählt und Vorgestellt von Uwe C. Steiner*, München 1997, S. 87。

出的"知识分子的背叛"尖锐诊断就是针对这一决定性的特征。

随着年龄的增长,胡塞尔后期也开始相信欧洲的理性文化从根部就存在病症。最重要的是,他对病态客观主义的描述主要遵循了早期批判理论的直觉,他对这种客观主义的主导也持批评的态度,尽管他将其社会学方法视为弊病而非疗法。上述提到的疾病是如何发展的,以及在胡塞尔看来如何才能治疗这种病症,他在晚期的《欧洲科学的危机和超验现象学》一书中表达了他关于科学与"生活世界"(Lebenswelt)之间的疏离沉思。生命的最后几年里,他从事的工作不妨被称为奇怪的医学研究。他曾试图将哲学提升到一门严格科学的地位上,失败后他至少想作为一名文化的医生做出贡献。他着手处理欧洲理性主义的两个主要缺陷,他称之为:物理主义的客观主义和超验的主观主义,他亦很清楚自己在自愿和非自愿的情况下对后者做出过多少个人贡献。也许他从根子上并不相信存在两种不同的疾病，而只是相信有一种单一的疾病，并且随着理性文化的分裂而表现为两种错误的倾向。晚年胡塞尔思想的关键词"生活世界"揭示了他当时洞见到的：整个理论事业必须从头开始重新"接上地线"。它必须克服其糟糕的抽象性，回到其具体的先验性，即其在真实的、共同的世界中的基础上去。胡塞尔从他那语惊四座的学生海德格尔那里学到了很多东西。"生活世界"——这突然就成了无尽现实取之不尽、用之不竭的财富的密码。它构成了一个充满可靠的规范性的"地面"，一个人可以自由地保持对它的忠诚而不放弃对哲学的关注。一个激进的思想潮流从未像这样温和地结束，最终，胡塞尔提醒我们注意所有思想的生活世界基础——今天我们也许会使用情境"嵌入"这个术语——他以这样的方式来告诉我们，存在着一个人们不应凌驾其上的世界。现实世界不只是众多可能世界中的一个例子。对"超越"世界的渴望超出了我们应有的愿望，明智地隶属于它就足够了。一切理性的病态都是对生命世界的失职与过错。

然而迄今为止，还没有人按照晚年胡塞尔的思路写出一本书来描述理性的一般病理症状。它必然包含三个主要部分：意识形态、幻觉和谵妄的现象学形式的理性神经理论（关于这个主题有几个完成了一半的段落，可以做一些相应的修改和更新以便纳入最终版本）；关于后天的异常精神态度的理论（例如新现象学基尔学派的研究成果对其做出的新发展）；以及对参与理性的批判（Kritik der engagierten Vernunft），包括激进主义的病理学，尽管在"狂热主义""极权主义"和"宗教极端主义"等主题上做了许多尝试，但到目前为止，这种批判似乎还没有超越注释阶段。

现在让我邀请您进行一次大的时空飞跃，我举的第一个关于利用实践来发展沉思的理论态度的例子几乎可以算发生在现代，接下来，我将会把您带到一个源于古希腊的例子中去。关于伟大的哲学家苏格拉底的大量传奇逸事和性格描述流传至今，它们间的关联点在于有着一种含义深远的观察：它指向了哲人在思考时的一种极为奇特的社会行为——或许称之为奇特的非社会行为还更合适些。据说，苏格拉底有"沉浸"（versinken）于思考的习惯，好像思考是一种癫狂或痴迷的白日梦状态。根据色诺芬的说法，苏格拉底把这看作切断了与周围环境的一切联系，"把思想集中在自己身上"，变得"对最明确朝他说出的话语都充耳不闻，毫不理会"。有一次，他作为雅典公民，按照应尽的义务被征召入军营之中，据说他当时在一个地方原地不动地站了 24 个小时。在这期间，他一直迷失在自己的内心活动当中，因而成了周围人眼中可笑而又令人惊讶的人，这件事情后来传得神乎其神。柏拉图也为他的老师时常"神游"的传奇增色不少。例如，在《会饮篇》的开头，他就描述苏格拉底晚餐时迟到了，而原因竟然是他停在邻居家的院子里，集中精力思考，全身心地投入所谓的思考插曲（Denkepisode）当中去了。当他最终到达阿加顿的家里，与他的那群朋友会面时，年轻的诗人邀请迟到的哲人躺到他的身边，同时说道：

> ……这样我就可以通过靠近你，接触到在门口时进入你头脑中的那部分智慧。显然，你现在已经找到了你要找的东西，否则你不会停止寻找。

苏格拉底回答说：

> 阿加顿，如果智慧能够通过人和人单纯的靠近就在我们之间流动，就像水沿着毛线从装满水的杯子流向空杯子一样，智慧也从充满智慧的人流向空的人，那将是一种多么幸福的状态。[1]

像这样的场景告诉我们思维的"本质"的关键

1　Platon，*Symposion* 175 d.

所在。虽然古代的见证人没有提供任何线索，说明苏格拉底沉浸在思考中的时候到底在思考些什么，但他们都尊重这位智者"心不在焉"的状态，认为这是与思考问题这种活动不可分割的一种本质属性。显然，思想之间相互作用，形成了如此紧密的关系，以至于它们霸占了思想者的意识，打断了他与环境感知之间的联系。这似乎意味着：在真正的思考中，思想与周围的思想（Mitgedanken）的从属关系，比思考者和他周围世界的从属关系更加密切。任何现实体验到这一点的人，都从与环境状态的日常关联中被连根拔起，完全沉浸在"内部"运作中。这种新型密度的发现，相当于将"精神"确立为一个前所未知的必要性和一致性的原初空间。没有一个普通人承认，如果你说出了 A，你也必须接着说 B。[1] 只有哲学家才会感到被明确的律令所左右，A 的后面必须跟着 B——这是

---

[1] 谁说出了 A，就要说 B，这句成语喻指开始了一件事情，就必须坚持下去，并承担其后果。——译者注

无论如何不能打破的真理。思考创造了一种人为的自闭症，它把思考者隔离开来，并把他带到了一个被强制关联起来的观念的特殊世界之中。

古代的注解者唯一能对这种令人不安的现象做解释的方法就是依托灵魂与恶魔对话的神话。苏格拉底自己也用这种民间宗教的虚构叙事来解释自己游离到另一种精神状态的情形。借用尼克拉斯·卢曼的话，我们应该把这种退归到一个人的内心世界的行为描述成一种不可观察的观察，并与梦境进行类比；如我们所知，只有做梦者本人才能体验到。苏格拉底承认，他的智慧是"坏的，并且是不确信的，因为它像一场梦一样"[1]。

当一位智者处于心神游离的状态时，你看到他，意味着见证了一种特殊形式的迷失（Verlorenheit）。我们不知道他的内心发生了什么：他是听到了什么声音，还是看到了什么图像，他是正在与

1　Ebenda, 175 e.

魔鬼一样的存在搏斗，还是正在接受着一束神圣之光的启迪？有一点是肯定的：虽然他就在我们面前静静地站着，但他离我们很远。无论如何，我们倾向于认为这与普通的站在一旁是完全不同的。我们更愿意认为这是思想者保持冷静的方法，用以回应从无法明确定义的另一个地方对他发出的呼唤。事实上，苏格拉底是在进行一次内心的旅行。在某些方面，我们应该把他看成移民者，看作高雅精深的移居方式的发明家。一个思考着的人，如果他像古代哲学家那样思考，就会从当下的共同世界中解脱出来，移居到另外一个相反的世界。柏拉图式的形而上学不假思索地将其阐释成超越的世界、真的世界，事实上，那简直就是我们灵魂中更美好的那部分的故乡。

这种体验不仅打破了流行的世界观，还破坏了既定的社会团结。对"现实生活"的共同努力有助于在思考者当中形成一种基于共同逻辑经验和追求真理的联盟的二阶共同体意识。传统的、家庭的、民族的和城市的团结共同体在这里不再适用。至于这种精神分离的社会后果，体现在了一个戏剧性的发现之中，即每一个高度发达的社会都必须考虑到由思考者组成的反社会的存在。2500多年以来，我们这个半球上的一小部分人——但并非微不足道的人——在思想上一直存在于别的地方。学院、学校、修道院和教堂建筑都显示了这种"别的地方"是如何以建筑语言表达出来的。就今天的情况而言，我只需要说新近的理性文化——它通常被解释为反柏拉图式的实验，这不无道理——在很大程度上可以理解为重新整合知识载体的事业。在这种文化氛围中，人们寻找着如下问题的答案：当我们不再希望将思考者存在于别的地方描述为逻辑学上的飞升或学术的移民时，我们又该如何解释它？如何在未来创建知识分子的团结社区——一个不至于不可避免地与初级社会决裂的社区？在现代社会中，受教育的人和没有受过教育的人之间的对立已经失去了其尖锐性,那么这个社会真的能像当下一些人经常标榜的那样转变为"知识社会"吗？甚至,如某种柏拉图式的极端主义今天仍然建议的那样,现实中的各个民族应该按照寻求真理的社群的模式进行转型改造吗？[1]

汉娜·阿伦特在她的《精神生活》(*Vom Leben des Geistes*)一书的一个章节中写出了部分回答,这一章的标题叫作"当我们思考时,我们在哪里？"[2],这个标题具有明显的挑衅倾向。如果人们在这里提到的语境之外读到它,甚至会认为它似乎有一种戏仿的意味。然而,阿伦特毫不避讳地强调了这样一个观察:用日常拓扑学的信息来确定思考的位置是不可能的。她还提到了苏格拉

---

1 巴迪欧的这种适用于犹太教和以色列国的主张,使这位鲁莽的柏拉图主义者在法国饱受反犹太主义和法西斯主义的指责。迫于"逻辑法西斯主义"怀疑的压力,巴迪欧最近转向了接近皮尔士和1000年以后的一些德国新康德主义者的"逻辑社会主义"立场。

2 Hannah Arendt, *Vom Leben des Geistes*, Band Ⅰ, Das Denken, München/Zürich 1989 (deutsch zuerst 1979), S. 193f.

底的精神游离状态：如果苏格拉底沉浸在他的思想中的时候，我们能"看到他在思考"，他就显然不能被定位在我们能在形体上感知到他的地方。但还有哪里呢？我们同时代的一些人会理所当然地说，哲学家的思想在他的大脑里，哲学家本人在讲堂里，讲堂在大学里，大学在城市里，依次类推，一层层向上，直到最大的、包罗万象的容器——宇宙。从存在主义的角度来分析，从这种关于思考者"在哪里"的陈述中是得不到任何东西的。来自物理学和日常拓扑学的定理丝毫无助于对正在思考的真实存在进行定位。它们无助于回答苏格拉底在思想中迷失时究竟身处何处，以及苏格拉底之后的模仿者们做出同样的事情时在哪里的问题。

正确的答案是简短而直接的：他们在别的某个地方（Anderswo），我们暂时也无法对此给出更多详细信息。首先，我们必须对"别的某个地方"这个表述感到满意；汉娜·阿伦特更喜欢使用"没有任何地方"(Nirgends)这个词。如果你不被这些信息的模糊性弄得灰心丧气，在进一步的沉思中就会确信，在最一般的情境性陈述"存在于世界中"和更具体的陈述"存在于思想中"之间存在着关联。在"存在于思想中"的情况下，我们被一个具体的特征所打动，这个特征也附着在"存在于世界中"之上，但通常没有被注意到，即绽出(Ekstase)的特征。正如哲学所理解的那样，绽出并不是心理学家或化学家感兴趣得头晕目眩的现象，而是此在(Dasein)自身在别处呈现张力的特点和方式——无论我们将这种张力描述为"超越"的倾向还是创造性的"成为"的特征。海德格尔强调绽出一词的古希腊语"ekstasis"和存在的拉丁语"existentia"之间的语源学联系并非没有道理：这两个词都强调了一种推动感(Bewegtheit)，导致了"凸出在外面"。这样一来，存在并不意味着能够毫不含糊地进行定位，而是处于一种从这里到那里、从现在到更早或更晚的紧张状态。换句话说，我们可以说,任何存在的人都是从其他某个地方被召唤过来,处在他所在的"地方"(Ort)。海德格尔的早期作品中有一个黑暗但究其结构方案完全透明的句子。"存在在那里(Da-Sein)意味着:伸入到虚无之中"[1],这个句子让我们想到,没有"开放"带来的不安,存在根本永远无法想象。

也许我们可以同意这样的断言:"存在"从自身而来的地域化定位是"多价态"的;事实上,它总是超越"此处"(Hiersein)之上,被赋予"他处"(Anderswosein)的增值。转移到思考之中,就让存在迁至别处的这一个方面得以显现。当思想者被带出公共集会的领域,转而沉浸在协调思想的环境中时,他就会遵循这一法则。他在另一种状态下所经历的不是在内心当中再现市场上喋喋不休的声音,也不是我们脑海中毫无结果的联想的

---

1 Martin Heidegger, *Was ist Metaphysik?* Freiburger Antrittsvorlesung am 24. Juli 1929, Frankfurt am Main 1981, S. 35.

闹剧（关于这种现象，新近的学术研究将其解释为模因在竞争新皮质中的计算处理容量[1]）。思考仍然与女仆和水手的神话相隔甚远，就像与广场上的煽动者的计划相隔甚远一样。思考的人被转移到一个由一种单一练习主导的领域：当我们想说出一些"真"的东西时，需要练习阐明我们说出的词语、句子和句子的顺序的意义。在这方面，根据古代的惯例，思考就意味着追寻一个事物的真正概念。按柏拉图式的观点，这种努力只有在人类的语言中对接另一个世界，即观念的世界（也许你想称其为稳定的逻辑对象的世界）的情况下，才能得出一个有保证的结果。正如在双重归属——归属于经验世界和超经验世界——的情况下，双重主体性的现象就出现了：我的真实的自我（Ich）和一个更大的自我（Selbst）。正如圣保罗所说：我

---

1 Susan Blackmore, *Die Macht der Meme oder die Evolution von Kultur und Geist*, Heidelberg/Berlin 2000.

活着,但并不是我自己,而是基督活在我之中。[1]
柏拉图主义的逻辑学家们承认:我在思考,但是只
要我在正确地思考,那我就不是我自己,而是我身
体里的理念。

那么,这就是柏拉图的伟大直觉:他的老师苏
格拉底的神游状态不应该再发生在门口和公共场
所,乃至任何路人都可以嘲笑他陷入了沉思。柏
拉图关心的是如何为处于完全专注于自己思想的
不稳定状态的人提供适当的处所。最初的柏拉图
学院(Akademie)就致力于空间创造的革新。它是
一个史无前例的新机构,用于容纳那些在寻求思
想之间尚不明确的联系的人,那么学习和研究文
字与事物之间的联系不也是如此吗? 如果出现了
神游状态,认真想一想,这确实也是个问题。柏拉
图的学院在建筑学上的意义就相当于胡塞尔所说
的"悬置"——一栋将世界拒之门外、将关注包围

---

1 *Brief an die Galater* 2, 20.

起来的建筑，是我们称为思想和定理的神秘客人的庇护所。用今天的话说，我们会称它为隐居地或藏身处。

事实上，柏拉图在公元前 387 年创建柏拉图学院时，设想了一种很实际的隐居生活模式，他在第一次西西里岛旅行中就遇到过。传说，在意大利南部的克罗顿市（现在叫克罗托内）附近，他遇到了一个做理论研究的隐士公社，他们是智者毕达哥拉斯的追随者。关于这个毕达哥拉斯，人们不知道他是萨满，还是数学家，或者两者皆是。这些行为奇特的人沿着他们的精神偶像（当时已经死了一百多年）的轨迹继续前行，远离城市社区生活，致力于数论的研究以及素食主义的生活。即使这些说法无非常确凿的证据，并且其中不可否认地加入了大量传奇色彩，我们也可以推断出柏拉图式隐居的新型品质。实际上，柏拉图把从城市中撤退的做法再次移入城市之中，并以此建立了一种政治拓扑学的差异，这对后世产生了重大影响。借用米歇尔·福柯的术语来说,学院在城市中的定居是一个"异托邦"(Heterotopie)的问题。这个术语定义了一个被排除在外的地方,它适合于政体的正常或"正统"的环境,但完全遵守它自己的法则,这些法则在城市看来,又是不可理解的,甚至是荒谬的。我们必须小心,不要把学院视为一个乌托邦。它并不像亚特兰蒂斯文明那样,是一个人们徒劳地寻找的不存在于任何地方的形象。它是一个完全具体的地方,就在城市的近旁,在城墙的步行距离之内,是一个真实存在的,可以进入其中的"别处",一旦我们满足入学要求,即有良好的数学基础,并且心甘情愿地接受"不隐瞒""不欺骗"的人的指导,我们就可以进入。

这种"异托邦的"、异种的、"异类的"构造物中产生了所有以"学术差异"为特征的机构。请允许我岔开话题说一句,此时此刻我们有足够的理由,向高等教育的发明者柏拉图表示崇高的敬意。同样,我们也应向"守护神"(genius loci)普法尔茨的

梅希蒂尔德(Mechthild von der Pfalz)这位迷人的
人物致敬,1477 年创建图宾根大学和 20 年前创
建弗赖堡大学时,她曾经发挥了重要作用。胡塞
尔从 1916 年到 1928 年 3 月退休前一直在弗赖堡
大学任教。没有人会说,德国西南部的这些学术
堡垒没有完成把世界拒之门外、接纳神游状态者
的使命。

　　学院悬置生活的有力标准是保持和平的伦
理,它要求即使是学者之间最激烈的争论和具体
流派的最强硬的意见阐述也只能在理论和平的框
架中进行。从一开始,学术生活就包括了一种具
体的和平实践,它与胡塞尔的"悬置"精神有着遥
相呼应的关系,因为时至今日,只有作为逻辑和平
的场所,作为理论本身的支撑,学术界才能继续保
留将自己与论坛、竞技场、议会和编辑部区分开来
的差异性。动乱运动每一次入侵大学之中——比
如我们在 20 世纪的某几个时期看到的那些——
都应受到谴责,因为它违背了学术和平主义的基

本规则。目前经济主义对学校和大学的入侵是否相当于普遍的入侵，还未得到核实。怀疑已经提出，指控也已拟定。

　　一种与学术和平主义有着亲缘关系的和平概念的精神在斯宾诺莎的定义中得到了体现：和平不是没有战争的状态，而是一种（通过练习实践获取的）美德，它源自（通过练习实践而不断巩固的）思考者强大的灵魂力量。[1]

1　Spinoza, *Tractatus politicus* V, 4. 此处可以比较天主教对和平的定义，依据梵蒂冈第二届大公会议文《论教会在现代世界》：和平不仅指没有战争的状态……它更应该是产生正义的机制。

Ⅱ

"观察者出现了"：
论有悬置能力的人的产生

前文指出了理论生活的早期特殊性和后期复杂性，这为能够顺利进入下一阶段的思考提供了前提条件。前文提到，我将在报告的第二部分谈及"有悬置能力的人的多重决定性（条件性）"，我还承诺会对这一晦涩的表达做出必要的澄清。我在第一部分结束时提到了胡塞尔从希腊的怀疑论中借来的"悬置"这个词，并考察了它在现象学程序中的作用。然而，还有很大一部分工作摆在我们面前，因为我现在要继续解释，把生活中产生的观念放入括号之中，并以稳定的逻辑对象（即所谓的"观念")来取代它们何以是合理的。

我们现在要考虑的是尼采意义上的谱系学研究。正如我们所知，谱系学就起源问题给出了答案。这类具体研究坚持严格区分好的和坏的源头的做法，从而为规范性议程中的批评性学科提供了模式。好与坏的对立对应于高贵与卑贱的对立。传统上，家谱是那些想确定他们的家族可以追溯到古代的贵族起源的人的精神武装。然而，对于那些想佐证自己的怀疑的人来说（比如他们相信某一"王朝"崛起的发家史中必有其不光彩的事情），它也有其独到的用处。谱系学的观点在某种程度上可以有隐喻性的应用，这一点并不令人惊讶。尤其是尼采，他把谱系学打造成了一个评价文化传统的有力工具。

应用于一般的理论态度的起源，尤其是科学的起源时，谱系学的思考意味着调查这些伟大的思想是否真的来自那些人不厌其烦地宣称的良好背景。在理论方面，起源的问题是否真的被充分研究过?一旦我们开始更仔细地审视这些现象,我们会不会在哲学的家谱中发现可疑的影响和可疑的杂质?

当然,如果我们对自己所拥有的一流血统有绝对的把握,就不会在字面意义上的或引申意义上的来源研究中为这种猜想而烦恼。任何采用谱系学观点的人,都是顺理成章地承认了这样的怀疑:任何相关的事物,即使其外表高贵典雅,也总会有先天遗传的缺陷。在我们的例子中,批判性的假设命题是:科学的真正开端是否真的有可能并不像古人乐于宣称的那样存在于惊奇之中?[1]而他们任何引起这种看起来很高贵的反应的人都会免受置疑。此外,我们是否可以想象一下,亚里士多德故意夸大其词地声称所有的人都渴望"按

---

[1] 或者说,惊奇根本就不是什么高贵的情绪,它不过如笛卡尔所说的那样是众多"灵魂的激情"当中最不高雅的一个罢了。因此,惊奇在他的列举当中排在了第一个,并且为了消除这一情绪,花费任何认知上的努力都不为过。比较:den Abschnitt "étonnement" in dem *Traite des passions de l'ame*,1649。

照他们的天性"去获取知识——而"天性"（von Natur）是世界上最古老的贵族称号——是否和尼采宣称的世上最初的贵族称号"偶然性"（von Ohngefähr）[1]是一样的意思呢？如果它们是基于对顽固缺陷的可疑补偿，又或是基于无须修饰和不加回避地面对生活事实的病态能力呢？至于胡塞尔，他在年老时天真地宣称，他感到不得不进行哲学研究，否则他将无法生活在这个世界上：在说这句自白的同时，他是否透露出了一些东西？这透露藏着份危险，它有可能证实一件几乎不可被接受的事，即理论起源于对缺乏的过度补偿。

当我提出与有悬置能力的人有关的来源问题时，其中包含着的批判谱系学的兴趣是不可能被忽视的。理论的人（Homo theoreticus）是否真的像他最早向我们保证的那样出身于这样一个优良

1　Friedrich Nietzsche, *Also sprach Zarathustra*, 3. Buch, Vor Sonnenaufgang.

的背景?或者他实际上是一个试图用假头衔来欺世盗名的杂种?如果他真的是杂种,那么他混入的哪些成分会暴露出他可疑的出身?对于谱系学家来说,这种可疑的询问表达了一种强制的信念,即在这种问题上,他们永远不应该相信任何表面上看到的东西。研究起源的人必须学会的第一件事就是把研究对象自豪的陈述放在一边。相反,研究者的规则是,只要他开启了谱系学怀疑的模式来看待研究对象,那么每一个宣传的理想形象其实都是它需要呈现出的状态。

在法国伦理学家的前奏之后,尼采就成了这种思考方式的第一位大师,这以他在《道德谱系》中提出"禁欲主义的理念意味着什么?"的问题为标志。他致命的回答是著名的:这证明了事物最坏的起源。他所说的"坏"(schlecht),是指被压抑的生命对存在的事实的扭曲、毒化和复仇的态度。对尼采来说,没有什么比获得权力之后的怨念更糟糕、更毒辣、更扭曲的了,这种怨念从不被认可的嫉妒、叛逆的自卑，以及有着权力欲的教士和煽动者延迟了的复仇需要当中迸发出来——通过列举这些典故，尼采毫不含糊地对传统基督教价值观的整个影响范围及其政治世俗化的起源提出了怀疑。同时，没有什么比这种处于弱势地位的人的怨恨更容易理解、更人性化、在政治和文化上更成功了。

追随这些观点的踪迹，我们就会在扩展了的谱系中做出最令人震惊的发现：回归怨恨的根源能够提供这个世界上一大半事物的解释，只要它构成了嫉妒伦理（Neidmoral）及其衍生形态的势力范围。拥有越糟糕的父母的家庭，最后发展的形态就越千差万别。能够为这种现象提供合理解释的思维形式只能是一种揭开所有家庭成员的面纱，并使我们能够共情他们的心理学。每个人都理解的好的原因也是最坏的原因，它能解释最多的东西。揭开怨念的面纱并不是因为傲慢而发生的，就像许多参与其中的人出于一种可以理解的防御心理所说的那样。它产生于文化治疗的热情,尼采想用这种热情来实现对否定世界和生活的基本态度的划时代的重组,将其转变为肯定美德的倾向。他想在整个西方文化中,实际上是在所有渴望超越的病态文化中应用这一点。从这个角度来看,阿尔伯特·史怀哲(Albert Schweitzer)把尼采作为西方传统中继苏格拉底和耶稣之后的又一位主要伦理学导师是完全正确的。

任何受尼采启发去研究理论态度和科学进入世界的谱系的人,都是为了弄清楚,即使在这些宏大层面上,是否有可能找出怨恨的分支。科学不是以自己的方式被束缚在"禁欲主义理想"的命运之上了吗?难道不是所有理论都陷入了长期的奴隶反叛之中,伪装成一种为了人类福祉而掌握自然的进步,就像受到隐性尼采思想的启发的早期批判理论所宣称的那样?始终推动"求知意志"的,不正是受侮辱者的报复冲动吗?或者说,对知识的追求是否可以依赖于更值得尊敬的来源,而非被迫用"智力"手段来弥补原生缺陷？这里也许须加上一条但书：任何开始这种研究的人都应该对他的问题的暗示性的悲怆保持警惕。他们本身站在晃动的基础之上，这一点没有人比尼采，《欢乐的科学》（*Fröhlichen Wissenschaft*）的作者更加清楚。他不仅是怀疑假贵族纹章的大师，他甚至怀疑怀疑本身，并反过来证实怀疑就来自声名狼藉的父母。怀疑性思维并不总是健康的不信任的表现，尼采想把这种不信任和对泰然自若的嘲弄乐趣一起纳入每个优秀理性主义者的基本装备；他本人也经常暴露出极其可疑的遗传问题，比如母亲那边的偏执，父亲那边的强迫性贬损。这就是为什么谱系学的思想总需要不断地进行平衡：如果你想根据其来源和称谓来评估人物、事物和思想，你必须善于在怀疑的这一边和超越怀疑的那一边进行操作。

我们可以看到，这引起的问题太过严肃和复杂，根本无法用快速的回答来解决。在下文中，我

将从欧洲古代理论文化的角度阐述起源问题。我
将简要总结对这个问题的四种接近方式,这将有
助于理解理论以及科学如何能在古希腊更具哲理
(more philosophico)地涌现出来。由于这些因素
与相应的禁欲主义、态度和重复性操作的出现密
切相连,我们的核心问题就是:在哪些具体条件
下,我们可以想象有悬置能力的人变得有创造性?

　　无论这个问题的答案是什么,有一种情况似
乎是显而易见的:因为在第一批理论家的时代,有
一些学科和领域,虽然它们后来被称为理论、科学
和哲学,但是当时并不以规则的、完成的形式存
在,参与创造它们的人必须通过前理论、前科学和
前哲学的情绪、倾向及实践来处置它们。如果说
悬置意味着实践,即训练一种鼓励观察的禁欲态
度,那么,这就表明我们应该在更为普遍的状况中
研究激发这种"脱钩"心理行为模式的要素。脱离
生活的洪流,站在岸边任由世界戏剧在近旁走过,
这种倾向可能是某些民族、种姓和家庭在所有时

代的一种不特定的嫁妆。然而，它只有在特定文化以及特定时间内，在非常具体的，甚至是独特的条件下，才能结晶为理论活动。突然之间，似乎所有的前提（Prämissen）都聚集在了一起，在这个情况下，现象的不可能性（接近不可能），被向着实现的移动所赶超。当然，几乎从新人出现在这个世界上的那一刻起，就散布着这样的解释：他体现了自古以来最崇高的血脉，拥有最优秀的父母，甚至他是神的后代——唯一的局限在于，神是不会吃惊的。

我想分几个步骤说明如何重构古典时代和后古典时代希腊人当中具有悬置能力的人的产生。首先，我将提出一个心理政治学的论点，然后是一个性格学或心理学的论点，接着是一个社会学的论点，最后是一个来自媒体理论的论点。

为了解释我的第一点，我将回到柏拉图学院的成立，但这次重点将放在日期上。公元前387年左右，柏拉图当时正值40岁壮年，他从第一次的西西里岛旅行回来。回到了雅典后，他在城门外西北方的赫卡德摩斯树林附近买了一块地。在那里,他建造了他的理论花园,靠近一个运动场,那里的热闹气氛可能让他觉得,年轻人并不会认为这个地方距离城市太远。他的思绪回到了雅典之前的一连串决定性事件:从那时起已经过去了十年,自公元前399年开始,苏格拉底因不相信神灵、蔑视偶像(asébeia)和腐蚀年轻人而遭到审判。这对雅典来说是一个致命的时期。公元前404年至403年期间,一股血腥的寡头反动浪潮席卷了整个城市,主导者在史书上被称为"三十人寡头"(又称三十人委员会)。在此之前,对斯巴达的三十年战争以雅典被洗劫一空并且斯巴达临时占领雅典而结束。柏拉图可能出生于公元前428年左右,他的青年时代是在长期的战争环境中度过的。这就是为什么他对和平民主条件下无忧无虑的理论活动一无所知。相反,他更有机会在交战的广场对演讲形成印象;在不断发生的战争中可以看到其真实的结果。柏拉图观察到了战争中的城市里所谓的"言论自由"的影响，这导致他对于后来称为"意见/信念"（doxa）的东西无法做出积极的评价。和他的很多同时代人一样，柏拉图认为对平民的说理性声明和战争双方的聒噪之间的区别已经缩小到几乎没有。持续的情绪煽动早已取代了有意义的立场和真实的、有活力的观点之间的竞争。口号的喧嚣赶走了从个人生活史中演变出来的美丽的多元化观点。剩下的是我们从现代意识形态阵营的无休止争斗中所熟悉的那种好战的煽动。

在这种背景下，我们能做出非常清晰的诊断：以公元前 387 年左右柏拉图学派的成立为标志，哲学在制度上建立了起来，这同时也是对雅典城邦模式崩溃的一种反应。仅从粗略的证据中即可得出结论：民主制度作为美好生活的集体形式已经失败。政治，作为对社会公共事务的共同关注，已经不再是精神的最高需求。如同黑格尔宣称艺术终结一样，我们在这里亦可以称之为城邦文化的终结，事实上这就是政治本身的终结。正如柏拉图传给后人的那样，哲学是失败的女儿，同时通过巧妙的向前的逃逸来对失败形成补偿。之后人们称为"对智慧的热爱"的东西，从它的历史起源来理解，并根据它的基调来阐释，是失败者的浪漫主义最初、最纯粹的形式，它将失败重新解释为另一个领域的胜利，并将不可挽回的损失描绘为无尽的获益。

　　根据这一论断，我们可以再翻一翻柏拉图编辑后的苏格拉底之死的叙事版本。失败浪漫主义的语言艺术已经达到了一个无法超越的顶峰，其崇高的表演说明了这样的箴言：过完哲学的一生之后也要以哲学的方式死去。它展示了失败者应当如何去做，并能在最后一刻把失败变成胜利。活着的苏格拉底可能是最后一个真正的城邦公民，除了生活在他的城市和法律下，他不会想住在其他地方，这就是为什么他在被宣布有罪后拒绝逃跑。濒临死亡的苏格拉底是后政治世界的主要见证者。

最先注意到这些联系的人依然是尼采。他满心疑虑地意识到,在描述苏格拉底的告别时,他还把一句多余的话放到了苏格拉底的嘴里。尼采指的是《斐多篇》(Phaidon)对话中那个决定性的段落,在这段对话中,智者苏格拉底向他的朋友克里托交代:"我们还欠阿斯克勒庇俄斯一只公鸡。请注意,不要忘记!"评论家们指出,希腊人将公鸡视作一种民间宗教仪式的祭品,当人从久病的状态中痊愈之后,会进行这种祭祀。在这方面,苏格拉底在他的最后一个命题中创造了一个危险的隐喻。他以极其严肃的方式说道,仿佛现在即将离开人世的他有充分的理由向医神表达谢意。他模仿了痊愈者在药神祭坛前的感恩仪式——语气随意,但带着亵神的意味,会引起无与伦比的后果。就其夸张的含义而言,他的临终姿态只能与犹太人的逾越节羔羊仪式这种模仿形式相提并论,耶稣让自己成为上帝的羔羊(agnus Dei)。所缺少的是人们对作为上帝的羔羊的苏格拉底的敬意,他是一次司法程序上存在瑕疵的判决的受害者。通过向阿斯克勒庇俄斯许诺一份谢礼,这位垂死的智者向世人宣告,他必须向天上的神明表示感谢,因为神明治愈了所有疾病之母——生命的病痛。

尼采对此的解释是正确的:柏拉图让他的老师含蓄地声称正在从最漫长的疾病中恢复过来,从而将这位救世主的死亡转化成了以哲学存在模式征服世界和生活的原始场景。在某种程度上,苏格拉底是希腊土地上的第一个基督徒。毫无疑问,柏拉图通过对苏格拉底的告别做出风格化的处理,在很大程度上给这一场景赋予了一种升天的含义。这位有着自己独到见解的学生明白,只有对死亡做出新的阐释才能弥补政治生活的灾难:为此,他的作品从一开始就把新的哲学学科呈现为"死亡的技艺"。它把智者苏格拉底的死亡重新定义为一个普遍的悬置,通过这个悬置,不仅废墟上的城市会被移到远处——未来,整个社会存在在其惯常的形式下也会受到哲学的蔑视。这甚至可以说是将人类对物质生活的依赖放进括号之中，把血肉之躯的存在看作单纯的考验，或者说是在偿还先前存在的罪孽或者宿命式的债务。

如果柏拉图主义中没有一种诱人的因素——超越其逻辑优势和论战建议——与变化了的世界形势密切对应，那么把作为一种学术的哲学从自然的生活态度中绑架出来的可怕行为就不会有任何效果。它的这种浪漫失败者的倾向使它对雄心勃勃的人、有天赋的人和迷失方向的人特别具有吸引力，而且这种吸引力甚至在后世还在继续。从它当中甚至产生出了一种骄傲的失败主义，它表现为一种以输为赢的艺术。哲学的追随者不再为城邦而生、为城邦而死，而是为了超越俗世的真理和正义而奋斗，因此，死亡的意义也就发生了根本性的变化。公民的死亡不再被看作个人为了公共利益而准备做出的巨大牺牲，只要城市令人信服地承诺永远不忘记这种行为。经过长期的战争，公民的死亡似乎开始滑向无定型（Formlosigkeit),再从无定型滑向了无意义。当城邦不再产生像伯里克利那样知道如何按照艺术的规则进行墓前演说的人时,我们还能做什么呢?当战败的城市不再能够记下逝者的名字——要么是因为受害者太多,要么是因为公民的记忆已经不再有力量建立有效的纪念碑——时,人们还可以坚守哪种秩序呢?

在城邦崩溃成为一个利益集团的集合体之后,这些利益集团不再能被一个共同的神团结起来,也没有值得信赖的礼仪将之纳入义务之中。这时,哲学就出现了,它为死亡赋予了一个激进的新含义。死亡就从公民为了共同利益潜在地牺牲自我变成了浪漫主义的投机对象,有时甚至沦为形而上学的淫荡行为的玩物。首先,死亡被看作对本源的自觉回归,它成为一项任务,个体可以最终承诺献身,而不允许现在只是一个追求个人利益的浅表的群体的"社会"的干预。这是柏拉图以极其当下的意识抓住的机会:哲学通过建立一个不同的救赎性纪念秩序而使自己独立于伪善的城市。有着巨大精神财富的个体不再需要一个政治后世，以期活在它的记忆之中。知识成为智慧的灵魂对自身和其超世俗的起源的记忆。思想为自身提供了返回天界档案馆的工具。个人不再在后人的记忆中寻求他的救赎。在未来，治愈将完全通过与超世界（Überwelt）中既往病史的重逢来实现——在生活中开始，在死亡中完成。顺便说一句，古代欧洲的超政治纪念文化总是徘徊在柏拉图式和基督教式两者之间：根据前者，我们自己回忆神灵，而根据后者，则是上帝想起了我们，而在基督教柏拉图主义中，这两种纪念运动彼此融合在了一起。

柏拉图在时代的巅峰时期公开提出生命情感的氛围转换问题，即从荷马时代一直延续到佩里克利斯时代的顽固的乐观主义这种情绪，转换为对世界与生命的温和拒绝。后来出现的名字"形而上学"就代表了这种转变，从此也就开启了不快乐意识的时代。在印度的禁欲主义文化中我也注意到了类似的气氛变化，但其发生的时间点早在一个多世纪之前。在那里，自古代奥义书的狂喜积极性不得不为黑暗的因果解脱神学和其最激进的继承者佛教让路后，"形而上学"式的拒绝世界和生活的情绪也逐渐占据了上风。

根据心理政治学的论点，理论生活是城邦衰败后释放的裂变产物。这就产生了一种释放了负担的，从对政体的关注中而来的精神。它不再感到自己有义务为城邦服务，而是通过自上而下的评论使城市的面目符合自己的愿望。新的哲学艺术只需要把城市世界作为其向高处和远处探索的背景。[1]世界形势为当时的新哲学家们提供了一种全球的悬置，而不需要他们做出任何努力。政治生活的

---

[1] 比较：Peter Sloterdijk, "Die Stadt und ihr Gegenteil：Apolitologie im Umriß", in：ders., *Der ästhetische Imperativ. Schriften zur Kunst*, herausgegeben und mit einem Nachwort versehen von Peter Weibel, Hamburg 2007, S. 184 - 229。

火焰熄灭,观察的生活的火焰随之燃起。政治不再是一种激情和终极视野,它现在作为一个"问题"出现在人们眼前。在事物本身已经失去活力并消失之后,理论涌入空置的空间,用现实永远无法满足的理想化的要求来填补它。从那时起,哲学家们像持有外国护照的政治避难者一样生活在城市里。自由的精神踏上了世界舞台。他们的存在本身就是对现实的一种隐性指责,因为他们无法满足那些将自己从日常生活中分离出来以捍卫更高的假设的人的理想。在柏拉图生前,新的准政治口号"世界主义"已经开始流传。它公开宣称,思想家不再隶属于某个特定的地方社区,而是将自己视为宇宙的公民。他们的口号是:能够生活在任何地方。一个能在任何地方存在的人不会在任何地方被卷入。练习灵魂的最大"流放能力"[1]成为一种时尚。

1　出自奥多·马夸德(Odo Marquard)的一个表述。

最典型的失败者浪漫主义，莫过于其行为人将自己在实际事务中的无能为力宣扬为一种美德，将自己不适合担任具体的职务或从事具体的服务工作作为对世界所有问题负责的证明。后柏拉图时代哲学化的世界主义者的到来，带来了那种自由飘浮的知识分子，他们从失败的必然性中提出了超脱的美德，额外补充了一种能够对一切与人有关的事物进行干涉的权利。浪漫主义是后政治形势下的假想主权主义。旁观者现在总是高人一等，而行动者则不可避免地会觉得羞愧。为了旁观者的利益，他们提出了要求：权力应当屈服于无能为力，正如亚历山大让第欧根尼不要挡住自己晒太阳时所表现的那样。权力和精神之间新的对立方式是精神方面拿到了控制主导权：未来，权力只会被看作一种被遮蔽的精神的形式，它等待着被照亮。[1] 一些哲学家从事巡回演讲师的职

1　这个西方思想中的元素直到福柯的后现代话语理论兴盛之后才坍缩，话语理论中，精神自己作为黑暗的权力被揭开面纱。

业,通过对重大主题做即兴发挥式的演讲来给不同的听众留下深刻印象。其他人则接受皇家导师的角色,比如亚里士多德,就曾为马其顿王子亚历山大当过一段时间的老师。不少人还走上了伊壁鸠鲁安静花园之路。几乎所有人都从新的环境中得出结论,鉴于不再可能参与管理城市和国家,人们必须统治自己的生活。这为斯多葛主义的广泛成功创造了先决条件。对公共事务的关注就变成了对自己的关注。

简而言之,一旦城邦失去了说服人们以最高抱负和服务意愿完全投入其中的力量,一个世界主义的理论和伦理学市场就出现了,在这个市场中,一个后政治知识分子按照满足失败者的——或者也可以说是私人的——意识形态需求来重新定位自我。这个时代趋向于帝国和君主制。正如我在其他地方解释过的那样,我们必须在某种程度上把柏拉图主义理解为君主制时代的政治形而上学,因为它教我们从上而下地观察世界。[1] 在那种世界状态下,思考者们首先对帝国综合体感兴趣,并对帝王、总体和第一因表示敬意。

失败者浪漫主义情绪影响下的哲学思想并不排除个别哲学家宣称自己是真正的立法者。相反,只有那些在政治上失利的人,才能在哲学范畴内将自己置于最高位置。这尤其适用于柏拉图,哲学家王国理念的发明者。在他关于共同体的新哲学秩序的著作中,我们可以读到,在后政治的情况下,伪政治思想如何以及为什么会偏离到乌托邦主义——不排除后来的善的暴政。柏拉图的思考完全是"政治的",因为他的理论是经过战略计算的,而且总是考虑到对手和竞争者才提出的;然而,他的思考又更是非政治的,因为他完全理想化

1　比较:Peter Sloterdijk, *Sphären Ⅱ*, *Globen*, Frankfurt am Main 1999, Kapitel 7: Wie durch das reine Medium die Sphärenmitte in die Fernewirkt. Zur Metaphysik der Telekommunikation, S. 667 – 787。

了他的理念具有效力的地方——城邦。因其更加现实主义而尤被称道的亚里士多德，其实在这一点上几乎没有表现得更好。他也不再进行政治上的讨论；他对政治现象进行了植物学一样的研究。他收集了对国家形式的描述，仿佛它们是石头、植物和昆虫。在他的《伦理学》中，他给非现实化的生活形式下了定义。非政治到了极致，亚里士多德把理论生活（bios theoretikós）定义为"bios xenikos"，即他者的生命。[1]

密涅瓦的猫头鹰就这样开始了它在一个已熄灭的民主国家背景下的飞行。公民们曾经进行辩论的地方，客座教授们现在正在撰写他们的论文；整个世界都成了访问学者的住宅。学者们亲自保证他们是世界公民，并且确信这样一句话总是让他们配得上一份奖学金，或者至少能让他们在诸

---

[1] 在其他的地方，亚里士多德把这个叫作"自由的生活"（eleutheros bios），作为由日常烦恼而消耗了的（banausisch）生活的对立面而存在。

侯的王廷中获得谋臣的一席之地。古代晚期终于经历了神学当中的哲学大崩溃。自由的失败者浪漫主义不得不避让开君主时代的功能律令。马库斯·奥勒留(Marc Aurel)和背叛者朱利安皇帝(Julian der Abtrünnige)代表了孤立的、无足轻重的尝试,以便实现帝国主权和哲学主权在个人身上的统一。其他统治者感兴趣的是祭司,而不是哲学家。1500年来,主权的角色明确地进行了分配。君主们对学生不感兴趣,而是对随从们感兴趣。他们也不需要思想上的附君(Nebenkaiser)。在那个时代,"知识分子"的实际价值只限于从内部来培养臣民。

欧洲的文艺复兴刚刚带来了新一轮的先锋思想,一步步从神学中解放出来,哲学就可以回归并获得发展的第二次机遇。浪漫的失败者综合征也不可避免地重新出现了。当然,现代哲学拥有比其古代同行更大的野心。放在现代议程上的是世

界控制超过自我控制。[1] 新精神主权主义的浪漫
派将在德国理想主义中达到顶峰,而它腐朽后的
产物也将在未来很长一段时间里继续散发危险的
光芒。事实上,19 世纪和 20 世纪所有以哲学方
式发出声音的东西,从青年黑格尔派到法国存在
主义,从早期社会主义者到批判理论,都是在第二
次失败者浪漫主义氛围的温室中成长起来的。这可
以从普遍的悲怆和无用的不切实际之间的关系中辨
认出来,偶尔还可以在对恐怖暴力的轻率态度中得
到补充,因为这是一种典型的现代哲学思想的"制造
真"(Wahrmachung)的方式。

另一方面,第二次民主带来了创造一种新的
公民纪念文化的需要。现代主义者也很快意识
到,没有民众的纪念,就不可能有有约束力的公共
社群。当下,人们已经无法再单纯依赖对上帝的

---

1 比较:Peter Sloterdijk, *Du mußt dein Leben ändern*, a. a. O.,
   Ⅲ. Teil: Die Exerzitien der Modemen, S. 493 - 638。

记忆。第二次民主让公民的记忆火了起来，人们应该纪念杰出的同胞。正是他们创造了民主的公共社群中必不可少的精英阶层统治的结构。

当汉娜·阿伦特在其 1953 年 8 月的《思考日记》(*Denktagebuch*)中发出"柏拉图之前几百年的政治哲学是什么样的啊！"[1]的感叹时，她表达了自己已经意识到了民主和哲学发展的不共时性问题。因为在阿伦特看来，哲学思考的迟到是一种可以治愈的残缺，因此，她就投身于表述一个思想上紧跟时代的政治理论的任务之中。这样的政治理论应该在有传染性的致命现象的层面记录下繁荣的城邦中政治生活的结构——并且这要足够早于柏拉图撤退到理想主义之前，正好在亚里士多德逃亡到包罗万象的收藏热情之前。这种理论应该使阿伦特所理解的城邦的真正原则成为核心：

1　Hannah Arendt, *Denktagebuch*, 1950 - 1973, Erster Band, herausgegeben von Ursula Ludz und Ingeborg Nordmann, München/Zürich 2002, S. 414.

促进现实的相互交谈（这将是与那些充斥着所谓
话语伦理而陈腐、毫无营养的公开演讲完全不同的
东西）；欣赏生活中鲜活的多样性的自由主义乐趣和
"意见/信念"（doxa，来自 dokei moi，即，在我看来）
不可侵犯的合法性；它阐明了每个人拥有自己观
点的基本权利。然而，即使是汉娜·阿伦特，在她
自相矛盾地试图提供及时的理论时，也不能完全
避免掺入一些浪漫的额外内容，如来自英国的平
等主义的常识学说和美国宪法的精英主义主题的
成分。[1] 直到今天，我们都搞不清楚，一个既没有
乌托邦的青涩又没有失败者的沉沉暮气的"政治
哲学"到底是什么样的。我们甚至无法证明这样
的政治哲学是否真实存在。因为正如我们所看到

---

1 说这是精英主义的，是因为美国宪法将政治定义为富裕的业
   余爱好者的事业，他们为公共利益而工作，却不必以政治为
   生。民主的业余政治家贵族的概念是汉娜·阿伦特在其《人
   的境况》一书中关于"行动"这个概念的基础。这导致了一个
   令人迷惑的结果，即没有更多的当代例子来说明人作为政治
   动物的存在本质。

的,政治和哲学绝不是同时代的东西,最初的时候不是,此后的任何时候可能也都不是。如果我们谈论的是最终的承诺,我们必须决定应该优先考虑政治生活还是理论生活。

当下,哲学,或者任何一个以这个名字称呼自己的东西,可以通过放弃特权地位而变得具有政治性——然而那样它就不再是它创始姿态时所要求的那样:宣布理论生活的主权。一个放弃自己地位的哲学不能再被视为一种"英雄的激情"。出于这个原因,今天的"政治哲学"就像是哲学之后的东西。它通常以时代诊断分析(Zeitdiagnositk)的形式出现,但也可以表现为批判性的改良主义,专门研究社会弊端,并要求消除这些东西。总的来说,它赞同理查德·罗蒂(Richard Rorty)重新表述的"民主优先于哲学"的后英雄主义视角。这种低等的"哲学"被民主社会所容忍,但不被推崇。自信的民主制度会带着温和的讽刺拒绝让这样的哲学理论来"解释"其需求。在这种情况下,汉娜·阿伦特对"柏拉图之前一百年的政治哲学"

的探索被更多地理解成一个古希腊狂热爱好者的怀旧项目,而不是一个关于真实存在的共和国的有效理论,就不足为奇了。阿伦特自己也意识到了这一局限性,拒绝为自己冠以"哲学家"的称谓,也不希望她的研究被描述为"政治哲学",而更喜欢"政治理论"这一术语。[1]

把握理论态度起源的尝试,并不会因为指出从事冥想的个人从对城邦的关注中释放出来而结束,尽管公民转变为世界戏剧的无负担的观众对

---

[1] 人们可以通过对女主人-女仆关系的四次修改来思考哲学和政治之间关系的历史复杂性。古代哲学把自己想象成一个女主人,想让政治成为她的女仆。在基督教世界时代,她自己成为神学的婢女。现代哲学做出了新的尝试,要成为世界的女主人,但只能通过将科学从自身中剔除来实现这一主张,而科学又成为技术这一事实上的女主人的婢女。哲学最终在权力争夺战中一路败退(想想海德格尔因缺乏承诺而陷入的尴尬,以及萨特因不诚实的党性而自愿为野蛮的独裁政权自我毁灭)。在她被打败后,她同意成为民主的侍女或女秘书。这种最后的次元化是当代学术哲学的特征;它几乎自始至终都印着一种不愉快的意识,无论是在它的世界观还是在它的学校观中。自从现代性中主权从理论转移到艺术后,非次要的哲学只有通过与艺术的联盟才有可能。

其他一切仍然很重要。在这方面要说明的第二点是,个体心理学重要的倾向也能促进具有悬置能力的人的出现。在很早的时候,最晚在亚里士多德时期,希腊原始心理学家就观察到,有些人有一种倾向,在他们自己和周围的世界之间制造并保持一种持续性的距离。从一开始,人们就不清楚一个人过着隐居式的观察的生活究竟是反映了一种无法参与共同活动的弱点,还是恰恰相反地反映了一种将自己置身事外的能力。这种现象在古代的体液病理学说中被解释为黑胆汁相对于其他三种体液(即血液、黏液和黄胆汁)居于支配地位——这就是为什么这种类型的人被描述为忧郁的人。黑胆汁表现为弥漫性的缺乏参与意愿和普遍存在的低级疏离感。理论的人(Homo theoreticus)似乎患有无对象的悲哀病症——他不是为具体的东西而忧伤,而是以没有什么明显可识别的原因的失落感为标志。对他来说,就好像世界缺少了什么重要的东西一样。因此,他在世界上也永远不会有回家的感觉——这种状态拉马丁在他的挽歌《孤立》（"Isolement"）中这样描写道："在流放的地球上，我为什么还留在那里/在它和我之间已经没有什么共同的东西了。"[1]

古代的传统已经把这种倾向归为一类特殊的思想家的特点，例如以弗所的赫拉克利特，他自古以来就哭泣的哲学家的典型形象。事实上，古老的格言"德谟克里特笑，赫拉克利特哭"（Democritus ridens，Heraclitus flens）证明了在很早的时候，人们就已经开始把体液特色的对比（用今天时髦的话来说就是基本氛围之间）与不同思想流派和学说的方式联系起来。忧郁的人的眼泪与乐天派发出的笑声不可避免地引发不同的世界观和人生观。古典的体液理论后来被行星神话所覆盖，人们认为忧郁

---

1 Alfonse de Lamartine, "Isolement"（1818）in der Gedichtesammlun *Meditations poetiques*（1820）: "Sur la terre d'exil pourquoi reste-je encore / Il n'est rien de commun entre la terre et moi."

的人是那些生活在土星守护的星座之下的人,土星
是代表远离尘世和安静观察的天体。亚里士多德
甚至断言,所有有思想的、杰出的人都是忧郁的。
忧郁的人把敏锐的洞察力和忧伤的情绪结合在一
起,成为一种富有生产力的综合体。天生回避尘
世的人似乎注定要经历幻觉和灵感。他们相当多
的时候是那些迷失在这个世界上的人,他们可能
有很多东西要通过他们强烈的内心世界中的迂回
来回馈给他们遥远的外部环境。倾向于这种行为
的人在一个自我肯定的圈子里活动。当忧郁者退
缩到他的内在自我时,那便是一种自发的倾向,有
条不紊地完成从实体存在的站在一旁到方法上保
持距离的过渡过程。他把形成习惯了的站在一步
之外的地方变成促进理论发展的退后一步。他在
实践中演练着将生活关联放进自然悬置的括号之
中。这样一来,他采取了有利于判断理论生活和
广受赞誉的"没有愤怒和喜爱"(sine ira et studio)
的态度,从而拥有了训练优势。他先天拥有毫无

激情的特质,而多血质的人和易怒的人只有在违背本性的情况下才能实现。

我们很少意识到,我们所称的高级文化(Hochkultur)在多大程度上归功于这种富有行动力的忧郁者,在他们身上,忧郁气质和精力充沛行动力形成有影响力的组合能力的哀伤者。用今天的术语来讲,我们倾向于将这种人物形象定位为精神分裂症。用精神分析的术语来说,他们是典型的"天生就没有完结的人"。对他们来说,最正常的状态就是远离任何类型的正常情况。他们的现实主义表现在他们倾向于在遐想的那半个世界中活动,倾向于通过放纵将自己置于情绪和猜想的外壳中,他们有时会得出震惊世界的启示。

第三个关于适合悬置的人的出现的解释来自社会学的角度。这里需要注意的是一个带来巨大影响的精神方向的变化。用卢曼的术语来说,它涉及教育系统的社会"细分",或者按照布尔迪厄的说法,教育"领域"的建立。如果我们认识到,教

育学源于诡辩术的分支——即源于民主城市中冲
突的政治修辞——就很容易理解为什么正式的沉
思的产生完全不是一个沉思的过程。从一开始，
理论生活就被嵌入争夺教育任务的演讲者的嘈杂
竞争中。要理解这种竞争——这也是柏拉图批评
诡辩家的背景，它并不总是公平的——必须考虑
到，最初的派地亚（paideia）是以古希腊所谓的"双
重父亲"制度为前提的。按这种习俗的规定，亲生
父亲必须同意将自己的儿子在特定的年龄交给一
位"男孩导师"，由他来扮演精神层面的父亲的角
色。[1] 很显然，人们可以在培养具有悬置能力的
人的一个重要方面与最初的男孩教育机构之间建
立起某种关联。事实上，在希腊如雨后春笋般出
现的学校中，青年人在派地亚的名义下接受全新

---

1 Dieter Lenzen，Vaterschaft. *Vom Patriarchat zur Alimentation*，
Reinbek bei Hamburg 1991，Kapitel 5：Vom Oikosherrn zum
Pädagogen：Erste Deszendenz des Vaters；das antike Griechen-
land，S. 76f.

的倾听练习。我们几乎可以说,听觉得到了训练,以准确地聆听并注意教师和大师的话语。同时,倾听不再仅仅被视为模仿的开始,而是被视为有朝一日将独立存在的洞察力的最初萌芽。这种训练产生了最初的学生形象,如果没有学生的出现,我们就无法理解先进文明的教育传统的历史。学生是为了以后的独立而屈服于精神上不独立的桎梏的人,但确存在着风险,他们有可能永远也无法摆脱学术上的服从。谁能否认,在我们传统中的最伟大的大师身上,有一种挥之不去的永恒的学生气息?

当年轻人通过小学生式的纯接受性训练定型后,他们的运动功能就会安静下来,这会对以后产生深远的影响。或者说这开启了一种人们可以称为"坐在老师的脚边"的模式:这就出现了学术意义上的固定在某处的人,这是一种次级的定居性,这与在田地附近定居的农民毫无共同之处。为了搞清这一过程中全部的奇怪之处,我们应该记住,几乎没有任何一种人类类型像阿提卡的年轻人那样,更讨厌静止不动和被动接受。在利他林[1]出现之前的 2500 年,年轻的希腊男性一定患有多形性运动-情欲多动综合征。他们是教育学及其静止练习所适用的对象。在古印度的冥想系统中,这种效果甚至更为显著,它将静坐与所有的交流和语法功能分开。

这种行为训练会影响到静坐着的学生的整体存在——事实上,我们所说的"文化"有很大一部分是一种非化学的"镇静剂":同时也有助于静坐能力,及静坐与世界之间的关系。它在斯多葛派的"无动于衷"(apatheia)理想中达到了最终的高峰。人们只须承认宇宙是一所学校,我们在其中要被考验到最后:那么保持平静的课程中,命动之下保持平静的道路就不是那么遥远了。

---

1 利他林是一种中枢神经系统兴奋剂,俗称"聪明药"。——编者注

此外，为培养具有悬置能力的人而设立的"学校学制"也促成了在"学校"逗留期间对其他事务和职责的一种释放。这就解释了为什么人们经常注意到希腊语中的"休闲"（scholé）一词和表示教育机构（schola）的词是如此相像。自古以来，学生式生活带来的解脱的风险和副作用都是众所周知的。在古代，学校环境中的波希米亚化已经很明显。这种情况一直延续到今天，在很小的程度上是由于传统，但可能主要是由于不断的创新。

最后，作为对"适合悬置的人的出现"这一主题的第四点，我想提及媒体学的视角。要理解科学发展的肇始，总是要结合它与早期书写文化的关联，这已然成为一个不争的事实。在我们的背景下，这意味着早期理论生活的实践综合体（Übungskomplex）必须和精神态度的形成一起，同新的解决现实问题的书写活动关联起来。起初的"观看"（Schauen）模式中明确无误地加入了欧洲"阅读"（Lesen）模式的因素，从而形成共同作用。对欧洲人来说,世界和书籍在很早就形成了一种类比关系。在长达两千多年的时间里,人们一直坚持着这种配置。只有到了文艺复兴时期的绘画,那时世界和版画显示出一种新的同等性,这才在历史上发生了首次变化。现代的制图学将地球仪和世界地图提升为实用主义世界观的主要媒介物,从而为废除"书与世界的类比"做出了自己的贡献。到了显示器屏幕和键盘的时代,古典的类比就已经完全土崩瓦解了。

相比之下,古代欧洲人通过语法装扮来预先决定通往经验世界入口的形式;确实,在这个书写文化的范围之中,世界的各种现实素材按照字母、音节、行、页、段落和章节的模式得以呈现。它造成的后果是,作为读者的我们,就会把书本当作情境来翻阅,把情境当作一页页书来理解,从一开始,我们就仿佛是保持距离的旁观者。在这个时代,田野和书页相互对应,就像印刷品的线条和沟壑相互对应一样。西塞罗创造了"文化"一词,这个概念在今天依然影响极大,他将培养灵魂和耕种田地进行类比,对他来说,文学显然是照料灵魂之田的最佳方式。

在这两种情况下,培育或曰开化(Kultivierung)都是因为预期会有增长而发生的。由此可见,阅读被视为收割知识的田地。这样一来,人就不动声色地被培养并获得了一般的悬置能力。人如果学会了看书面卷轴和印刷品的话,其实都已经在练习与书面文字保持距离,而这些书面文字又与说出的话语和经历过的事物保持距离。他在作为一个成熟季节的收获者的意义上操作,他能够从文本的包裹中获得他真正想要的东西。如海德格尔所说的那样,思考和感谢是一起的,那么阅读和收集也应是一起的。专业的读者、学者或哲人成为一种新型集中形式的代理人:事实上,他们不仅收集,还把自己变成了一个收藏室,一个被知识填满了的人,在内部和外部记忆之间来去自如。作为人类的一员,通过接受自身的存在,作为在内部记忆和外部档案之间的空间中的状态而存在。人文主义者是可以说:我是个对于形成文字的东西不会感到陌生的人。

幸运的是,我没有必要继续这个话题,因为它已经是媒体和文化的历史叙事中一个精心设计的章节。只要提到过去五十年中最重要的一些作品就足够了,比如哈罗德·英尼斯(Harold Innis)的《帝国与传播》(*Empire and Communication*)、马歇尔·麦克卢汉(Marshall McLuhan)的《理解媒体》(*Die Magischen Kanäle*)、沃尔特·翁(Walter Ong)的《口述与文字》(*Oralität and Literalität*)、杰克·古迪(Jack Goody)的《书写文化的后果》(*Folgen der Schriftkultur*)、德里克·德克霍夫(Derrick de Kerkhove)的《书写诞生》(*Schriftgeburten*)、埃里克·A.哈夫洛克(Eric A. Havelock)的《当缪斯学习书写时》(*Als die Muse Schreiben Lernte*)、阿尔贝托·曼古埃尔(Alberto Manguel)的《阅读史》(*Eine Geschichte des Lesens*)、约亨·

霍利施（Jochen Hörisch）的《上帝、金钱、媒体》（*Gott, Geld, Medien*），最后但同样重要的，雅克·德里达、弗里德里希·基特勒（Friedrich Kittler）和雷吉斯·德布雷（Régis Debray）的大量作品。如果把所有这些作品仅仅看作对一般文艺学的基础研究，那无疑是极其短视的。从整体上看，它们提供的不啻西方世界实践的认知主体的历史人类学。

如果我们要总结这些对具有理论和悬置能力的人的可能性条件的提示，最终可以总结为一句话："观察者已经出现了。"通过上述过程的综合影响，理论以人的形态出现并生活在我们当中。它的总体形象就是一个以年轻人的样貌出现的理论家。

这个年轻人的第一个显著特征是间接失败主义的开朗。也就是说，虽然他隶属于一个失败者的群体，但他把失败当作一种特权来体验：我们可以把它称为超脱于成败的生命的释然。政治上的

失败可以作为生存上的收获来庆祝;群体的软弱
可以作为个人自由的增长来享受;他可以不受实
践的马车的束缚,从而全身心的投入一个观察者
的生活中去——当然前提在于,政治生活之外的
职业领域足够开放,文化愿望取代政治野心变得
合情合理。

其次,他从青年的分化中获益,并在教育学省
份的特殊气候中得以繁荣。摆脱了对城邦的责
任,他为自己的个人生活计划赢得了空间。在这
里就产生了这样的想法:学习是没有边界的,学习
是没有外部目的的,这种教育通过划定可知事物
的范围来实现其自我定义的目标。亚里士多德是
百科全书式知识的自身价值的完美体现。思考是
一种非应用的艺术。它的实践者不会在与外部世
界的斗争中消磨自己;理论生活使其实践者保持
年轻。

第三,在他的生存方式中,理论家被允许培养
一些古代文化中不存在的东西——忧郁的特权。

实践意识的中止允许一种远离世界的优雅；它为一般化的温和的坏氛围创造了空间。思考者享受着无因的悲伤这种恶魔般的天赋，它往往伴随着理论才能一起出现。这就产生了认真的青年的存在主义，他把生活看作一个矛盾体。他坚持苦乐参半的流放，时常又在酝酿着完全重塑整个存在的替代建议——这样一来，理论生活中就出现了艺术创作和乌托邦计划的分支。这里可以回顾一下加布里埃尔·塔尔德的话："人在无用的弯路上追求不可能的事物。"

第四，从事理论的人在各种意义上把自己培养成一个读者。他从事古代欧洲类型的语法人文主义训练；他成为收藏中的人；他通过日常的实践来训练自己——表达和反驳、阅读和收集、知识和测试——即希腊人所称的"legein"和"antilegein"。"没有哪天没有线条。"（Nulla dies sine linea.）这似乎是一位素描画家的座右铭，但它同样适用于读者和作家。借用伊万·伊里奇（Ivan Illichs）的一个标题:理论的人是"在文本的葡萄园里"劳作的收获者。他知道精神飘荡在收集行为之中。他的工作就如同观察的收集器的助手。

回顾前面提出的谱系学问题,我们发现一个左右为难的画面。贵族和非贵族的祖先以一种非常难以解开的复杂方式相互纠缠地参与当下理论生活的现实的形成。这就应该可以解释为什么在悬置能力的产生过程中,最后两个因素在谱系学方面被予以中立的评价,因为在考察起源时,学术子系统内的细分差异以及读写技能的传播无法适用好和坏的价值评判标准。它们属于先进文明中的生活技术,在标准化的谱系中出现并没有什么可指责的地方,除非人们想恢复使人振作的精神和使人死亡的文字之间已经沉睡的对立——然而就我所见,即使是正统的基督徒也对此没有什么热情。

只要我们评估前两个因素,我们就踏入了歧义性的领域。城邦崩溃之后,理论生活的释放如

条件中提到个体存在的不和谐可能是有效的论证（这里可以提到年轻的黑格尔的抑郁、马克斯·韦伯可悲的紧张、维特根斯坦的不安，以及当代学术派哲学家中相当一部分人对他们的同行的长期愤怒情绪），但仍然不适合把整个领域置于怀疑之下。经验表明，这个领域的所有人有着几乎所有性格类型，其中也不乏未受损害的天性。如果批判性谱系学家想从许多有问题的个案（包括对整个学派的毒害和对共同神经网络的恶意）中得出关于整体的结论，他无疑是犯了轻率的错误，同时可以听到对方的怨念。

总而言之，一个并不怎么令人惊讶的发现是，具有悬置能力的人的产生与其载体文化的命运纠缠在了一起。教育体系、语言艺术、科学和学术共同体的制度化，创造了一些条件，理论实践的生活在这些条件的支持下，在未来几代人中可以招募到更多新兵。如果后者不相信他们的选择是为了支持一种可敬的生活方式，他们就不会把自己的名字登记到申请者名单上去。他们足够早地意识到,有不少病态军营的后裔在四处飘荡。总的来说,谱系的审查得出了理论生活的追随者们应该能够接受的一个结果。即使亚里士多德所言"所有的人都在'天性上'努力追求知识"非实(因为哲学家单方面投票认为发现世界的视觉能力乃是快乐的原因,并故意忽略了能够证明大多数人其实患有新事物恐惧症的事实),对于那些出于地方或文化原因这样做的人,我们也仍然有足够的动机认为他们的生活方式是值得尊重的。

Ⅲ

理论的假死及其变形

在前面这些解释工作之后，我终于可以开始讨论不感兴趣的人的产生，或者说其自我形成。我在导言中指出过，从思想史的角度来看，他是作为认识论上的假死状态学说的综合体出现的。最初的理论禁欲主义在于思考者的努力，即要尽可能关闭他自己存在中阻碍理论的方面——由于阻碍理论的根源深植于"经验的"存在本身，所以对这部分的关闭也必须从深处开始。根据古典哲学家的说法，这类似于试图在一个人活着的状态下达到一种死亡的状态。

在前文中（见本书 88 页及其后），我回顾了尼采在提及苏格拉底的告别演讲时说过的："我们还欠阿斯克勒庇俄斯一只公鸡。"现在是时候来解释一下这句话中蕴含的某些意思了。事实上，尼采没有必要把任何话语塞到他的对手苏格拉底的嘴里。在雅典的地牢里，这位濒临死亡的智者以无比明确的方式向周围的朋友们解释了他为什么在面对即将到来的死亡时表现得如此平静且安详。在这一时刻，"净化"主题开始发挥作用。正如我在讲胡塞尔的案例中所提及的，在 20 世纪的思想中，尽管有细微的差异，但它仍然被赋予了一个重要的意义。苏格拉底在向他的朋友们证明自己挑衅性的死亡意愿时，说了以下的话语：

> 那些以正确方式从事着哲学研究的人，尽管他人并未觉察到，就是在从事着死亡（Sterben）与死了（Totsein）的研究。如果这是真的，那么如果他们一生都渴望死亡，而当他

们想要的和实践了很久的东西降临到他们身上时，却又反感，那就真的很奇怪了。[1]

"死了"这个表达旨在说明接受一个受欢迎的净化过程：

> 净化不就是……我们要尽可能地把灵魂从身体中分离出来，让它习惯于把自己从身体中退出，自己收集起来，并尽可能地在现在和将来自己独立居住，像这样从身体的束缚中解放出来？
>
> ……而这种灵魂脱离于身体而自由或者两者分离开来不正是他们一直在追求的事情吗？
>
> 因此，如果我开始的时候说过，如果一个人终其一生一直在训练自己，让自己生活在

---

1 Phaidon 9.

一个尽可能接近死亡的状态中,然后在死亡
真正来临的时候又怨恨它,那么,这不是件很
可笑的事情吗?[1]

作为推动净化欲望的动机,苏格拉底提到了
人的身体存在的干扰性作用,更不用说阻碍认知
的作用。只要灵魂仍然被困于邪恶,即囿于身体
的牢笼,"我们对于存在着的事物的猎寻"(unsere
Jagd nach dem Seienden)就永远不可能达到目的。
因为

身体让我们充满了渴望、欲望、恐惧、各
种幻觉和各种愚蠢的行为,因此,正如人们习
惯说的那样,事实上,身体不会让我们达到
理性。[2]

---

1   Phaidon 12.
2   Phaidon 11.

因此，如果没有脱胎换骨的过程，人类不可能达到真正的认知。

> 那么一个只用自己的思想来接近对象的人，才能以最完美的方式做到这一点。他不把任何视觉捕获的信息或其他任何感官感知到的东西与他的理性的思索联系起来，而只用纯粹的思考。他努力获取每一个事物的本质属性，却尽可能不用眼睛和耳朵，总之，不使用自己的身体，因为身体会让灵魂产生混乱，只要两者还合而为一，就会阻碍它获得真理和智慧。[1]

在这里，苏格拉底以惊人的单一性致力于严格的知识主义的认识（Erkenntnis）概念。用传统的说法，"感性"的直觉除了干扰、分心和歪曲之

1　Phaidon 10.

外,不会对此做出任何贡献。为什么柏拉图在描述像苏格拉底这样的智者在面对死亡时会做出这样的告白,这将是个永远的秘密。其实在流传的文献中,关于这位智者的传统形象,并没有太多可以支持这种夸张说法的地方。虽然所有证据都表明——用今天的学术话语说——人们可以把苏格拉底描述为一位伦理学家,他一生都在与他周围的人一起探讨关于正确生活的问题;但在这里,他突然以一个僵硬的数学理想的倡导者的形象出现,除了将几何和算术的标准应用于宇宙中一切可讨论的——包括物理的和道德的——事物之外,就没有别的事情可做了。几乎就在被处决前的几个小时,雅典监狱里的将死之人突然之间从一个怀疑主义的正义追求者变成了一个固执的物理学家,更重要的是,他还遵从于教条主义的形而上学者的思路:他成为一个在固体模型上感知一切的物理学家,这些固定物体可以被还原为形状、数量、大小、位置、静止和运动等主要属性,而所有由"感官"提供的关于物体和环境属性的信息，特别是所有情感因素，如感觉、印象、情绪和气氛，都成了讨厌的假象，必须被排挤到一边；他成为一个形而上学家，在一夜之间意识到，没有什么比不依赖于感性身体而存在的思考着的灵魂更确定的东西，而且当两者分离之后，注定会成为各自独立的存在；而且如果灵魂能及时切断与身体承载者的联系，它就会拥有更加美好的成功前景。这就对理论的人提出了要求：他在活着的时候要尽可能地接近死亡状态。只有提前从他的"自我"、他的身体和他的周围环境中死去的人，即被伪装得很好的处于假死状态的人，才能够将其身体运动和身体主观性的所有"态度表达"放进括号之中，并且获得仍然活在他的身体中的认知，仿佛他已经被释放到"另外一个世界"从事着无关痛痒的观看。在这种情况下，观看意味着用直觉处理初级几何图形（例如多面体）和对超越性符号所指（例如正义的理念）进行冥想。

柏拉图的做法我们可以随心所欲地加以评判。首先，当然可以将其视为对苏格拉底思想中一直潜藏的理论辉煌的忠实延续；或者将其视为在不忠诚和歇斯底里的深渊之上的侵入性虚构，在这种情况下，学生把一段其实是自己想说，而老师根本不会说的话语强行安排在后者的身上。不能否认的是，柏拉图对思考的生活的风格化描述作为美丽的理论死亡的前奏，带来了非常可怕且重大的后果。说到可怕且重大（ungeheuer），指的是怪兽造成的感觉以及产生历史的划时代意义——这两种情况都适用于我们刚刚引用的《斐多篇》中的段落所产生的历史影响。如果我们可以把从古典时代直至进入 20 世纪这个门槛的欧洲思想史进程概括为一个处于想象中的假死状态者的队伍，他们致力于各种形式的理论生活，寺院的和非宗教的，拥有正规教席的和民间的，伦理的和审美的，这表明了柏拉图理论的巨大暗示力量，即它预告了灵魂进入"无趣""死寂"和"超脱"的状态的可能性。

是否还有必要强调,古典学院的还原唯心主义导致的认识人为化对西方文化史的理性文化造成的灾难性影响? 希腊人的预先决定(Voreintscheidung)注定了西方的逻各斯主义会成为所有世界关系中的情感贫乏者,这场灾难至今都在给科学和哲学思想蒙上阴影——同时,更丰富的(不那么"有操作性"的)世界知识的形式在叙事文学、诗歌、艺术、日常话语、谚语、神话和普遍的"宗教"概念中得以存续。我们的知识文明的一个绝妙讽刺就是,很长时间以来——至少自黑格尔去世以来——它不得不把很大一部分精力用于纠正其中的偏见、人为化、简略、扭曲、夸张和迷惘,然而所有这些都是它自己最初的失误造成的。就像我们说的病源性疾病一样,我们可以提出科学源性乃至哲学源性的谬误的观点,而且更好的意义上的哲学思考——有迹象表明——今天几乎只发生在那些把哲学作为一门学科专业和学校制度,像一种已经被治愈的疾病一样被保留下来的地方。

在这一点上，我想强调的是，我关注柏拉图的灵魂形而上学，尤其是出于教化或者图像阐述的原因。它源于神话和神秘主义，其中死亡被上升为一种想象的哑剧——比如恩培多克勒跃入埃特纳火山口的传说，或者赫拉克利特之死的故事，据说他在生命即将走到尽头之时用牛粪覆盖全身并放火点燃了自己，从而结束了生命。哲学上对火的热爱，其历史可以追溯到公元前的一千年前，并且至今还在继续。一直以来，自焚被当作一种玩火的形式。燃烧和蜕变的崇高隐喻有时会激起回归到字面意义的阐释方式，我们现在习惯上称之为"原教旨主义"。正因为这种回归从未被完全排除，所以进入精神领域的摆渡始终包含了一种文明的冲动。甚至歌德也喜欢这种高端的游戏，正如他在《幸福的渴望》（"Selige Sehnsucht"）一诗中关于生命所宣称的那样，生命"渴望浴火而亡"。《西东诗集》中的神秘主义思想有意识地与伟大理论中不可承认的秘密保持着亲缘关系：渴望死亡是渴望更高形式生命的密码——但它留下了一个开放的问题，即如果这样的生命配得上"更高的"这一评价，那它是否不能被想象为只是一个在凡人身体里的生命。

在指出了假死这一动机的哲学起源之后，我将仅限于对其在古代欧洲传统中的发展阶段做一些示范性的脚注。进一步的调查将大大超出本工作的范围。

现在我将把《图斯库路姆论辩集》的作者马库斯·图利乌斯·西塞罗（Marcus Tullius Cicero）作为后希腊传统中假死主题不断蜕变的第一证人。在柏拉图创立学院后约 350 年，西塞罗试图让哲学在此前一直对理论免疫的罗马人当中安家落户。西塞罗目标明确地选择了希腊创始者的传奇性演说，这非常适合当时的情况，在观察者伦理之上创立哲学生活。公元前 45 年秋——在恺撒独裁专制的鼎盛时期——由于西塞罗即将被粗暴地从政治中剔除，他引用了毕达哥拉斯的一个寓言故事，以此来证明唤起沉思是多么崇高的使命，无论他是自愿隐退者，还是惨遭排挤的边缘人。当一位感到不安的行省的统治者问哲学家应该是什么时，毕达哥拉斯回答说：

> 人类的生命在他看来就与那伴着竞技的盛况由整个希腊的群众举行的节庆集会类似；因为就像一些人在那里凭借训练有素的身体求取荣耀和花冠所代表的优异，另一些人被买卖的收益和利润牵动，还有一类人——而这是最卓荦自在的一类——他们既不求取掌声也不求取利润，而是为了观察的缘故前来并勤勉地审视人们所做何事、如何做事；同样，我们如同从某座城市来到节庆集会中的一处人群这里，就这样从另一个生命和自然中来到这个生命；一些人给荣耀当奴隶，另一些人给钱财当奴隶，不过存在某些稀

罕的人，由于他们把其他一切视为虚妄，就勤
勉地凝神于万物的本性；这些人把自己称作
勤勉于智慧的人——其实就是哲人；而且，正
如在那里最高雅的做法是在不为自己带来任
何利益的情况下观看，同样，生活中对万物的
沉思和认知也远远胜过一切追求。[1]

如果我们试图解释柏拉图的希腊-半东方式
的假死形而上学如何被移植到拉丁化西方的话，
就不能不引用这个著名的关于奥林匹亚的寓言故
事。这一小段文字把所有与"理论的人"有关的刻
板印象堆砌在了一起：首先，它把人分成三大类，
即追名的人（这是政客或政治家）、逐利的人（这是
理财的人或纵情声色的人）和寻求真理的人（他们

---

[1] Marcus Tullius Cicero, *Gespräche in Tusculum*, Übersetzung, Kommentar und Nachwort von Olof Gigon, Stuttgart 1985, S. 168.
　　译文引自顾枝鹰译：《图斯库路姆论辩集》，华东师范大学出版社，2022年。略有改动。——编者注

是理论家或哲学家）；接着，再把第三类人提升为本体的贵族阶层；最后，出于灵魂迁移的原因，所有三类人都在移动，因为明确说到他们是从另一个生命"来到"这个生命中的。顺便要提一下，我们亦可以从这段文字得出结论，在相当长的一段时间里，古代地中海地区受到了来自东方的灵魂轮回转世伦理的感召，认为灵魂总是在地球上不同的生命之间进行长期迁移，这就为凡人提供第二次或第三次，甚至是第一百次乃至第一千次生活的机会。直到五百年之后，西方世界的形而上学才完完全全地确立了人的一生只能生一次、死一次的信条。其结果就是：所有道德上的重大决定都必须安排在一次性的生命里——这样一来，对地狱的戏剧性恐惧取代了对转世轮回的史诗性的关注（顺便说一下，对地狱的恐惧是所谓的"政治神学"的一个基本因素，但更准确地说，它应该被称为帝国式的死亡恐惧管理）。

作为哲学的引进者，西塞罗对希腊式观察生

活的优势如此着迷,以至于他故意对奥林匹亚寓言中的自我毁灭信息做了选择性忽略。众所周知,在体育比赛中,观众几乎总是人数最多的群体,然而,我们却从未在古希腊体育场或古罗马的竞技场上听到有人声称,观众才代表了这个场合中的更高雅的群体。有一点是显然的,这个寓言显然是作为某种暗示性结论的工具,其合理性依赖于刻意隐藏的东西。实际上,在那个时代的实践舞台上,他这样的人已经没有了市场,作者这么做的目的无外乎提高自己在理论生活中的勇气。西塞罗应该是第一个看到,现在罗马终于已经成熟到能够接受哲学了。从那一刻起,罗马也开始需要崇高的意识形态用于冥想的私人生活。西塞罗在《图斯库路姆论辩集》中提到的马库斯·布鲁图是当时一群阴谋家的领袖,在完成"罗马哲学"的创始性作品后短短几个月,这群阴谋家就在庞培的库里亚用 23 刀刺死了专制独裁的恺撒,然而这也并没有能改变历史发展的大势。没有什么力量能阻止君主制度迅速在全世界普及的进程。恺撒的中央集权主义一旦胜出，就把心怀旧的共和制度思维的人排挤到了边缘，使他们成为帝国表演的旁观者。即使在罗马，当它的公民有理由感到被自己国家的制度打败的时候，"政治"时代也在这一刻结束了。从那时起，即使是总体上仍然抗拒理论的罗马人也不能不接受某种程度的沉思训练。西塞罗在他的图斯库路姆的居所中看起来是位合适的人选，他让国家中面临失去权力的公民准备好接受"沉思生活"的益处。转向反思性生活是值得一错的：西塞罗毫不犹豫地为未来的罗马观众创造了一个崇高的光环，利用这个光环，他和毕达哥拉斯一道把体育场上的大多数人变成了从事研究的极少数人。通过将沉思贵族化，甚至在粗糙的罗马土地上也出现了完全不关心感官的总体观察者的高贵幻影。即使是在通常以具体而有力的反思而闻名的拉丁语区，反思的假死者们也在蠢蠢欲动，他们是从另一种生活迁移来到这里的。在随后的两千年里,人们在西方的理性主义文化中到处都能遇见他们。他们让古代欧洲行动者文化内部的观察者们确信,意识的阳光无差别地照耀着最好和最坏的行为。

我将跳过基督教的中世纪,它始终将其对假死状态的兴趣发声为对神圣性的追求。而我挑选的下一个例子来自 16 世纪末。这是乔尔丹诺·布鲁诺(Giordano Bruno)的论文《英雄的怒火》(*Degli heroici furori*)中的一段精彩段落,这篇文章是布鲁诺于 16 世纪 80 年代中期在英国逗留期间写成,于 1858 年出版,并且把巴黎作为虚构的印刷地点。该书的出版在通俗德国民间读物《浮士德博士的故事》(*Historia und Geschicht Doctor Johanni Fausti*)出现的两年前。它显示了现代之初的思想是如何以颠覆性的激发精神挪用古典的假死模式的。它不仅将沉思行为从被怀疑为僧侣式的逃避世界或智力孱弱中解救出来;它还为沉思的生活注入了热情,或如布鲁诺所说的"英雄式"的能量,尽管这对他来说几乎不可能是对行动的人(Tatmenschentum)的歌颂,这种行动的人在雇用军统领时代出现。布鲁诺颂扬的是涌入有艺术天赋的处于假死状态者的凡人躯壳内,并使其充满思想的激情。对奥维德和其他作者关于猎人阿克泰翁的传统神话的重新阐释,显示了精神死亡中投入动态力量的主要意义:有一次,年轻的阿克泰翁在森林中探险时,突然遇见了正在裸体沐浴的女神狄安娜。女神一下子大发雷霆,用水泼他,把他变成了一头鹿——紧接着,他就立刻被自己的猎犬撕成了碎片。[1] 在新柏拉图传统中,人们从这个故事中得到的教训是:世俗心灵的错误在于想在外在客观性的形式下窥视神圣的东西。换句话说,任何正确把握更高真理的人都会把自己转化为他所把握的真理。他不再是那个站在一边的主体,保持着还未开化时的样子。作为一个

1　Ovid, *Metamorphosen*, 3. Buch, Vers 131 – 252.

世俗的人，他死了，而作为幸运的赢家，通过用琐碎的存在换取心灵的生命，他得以幸存下来。布鲁诺对这个过程的评论如下：

> 于是发生了这样的事情：阿克泰翁带着他的想法，带着他的狗，在自己之外去寻找善、智慧、美以及林中的野兽。然而，一旦他看到了这些，被如此伟大的美所迷惑，他就成了猎物，或者说，他就觉得自己变成了所追求的东西。然后他意识到，他自己也成了他的狗，也就是他的思想所觊觎的猎物，因为他已经在自己体内找到了神性，就不再需要在其他地方寻找了……他从过去那个平常的普通人变成了罕见的英雄，他的风俗和观念也都很罕见，他过着不寻常的生活。

‧‧‧‧‧‧‧‧‧‧‧

因为在一切其他种类的狩猎行为之中……猎人最终会成功把别的东西都抢到手……而在这神圣的、包罗万象的捕猎中,捕捉的行为最终会让他自己必然被捕捉、被吸收并且被结合。

…………

因此,被激情攫取的男人夸口说他已成为狩猎女神狄安娜的猎物;他认为自己是她心爱的丈夫,是她的俘虏和臣服者。他觉得自己如此幸福,无法再羡慕任何其他人……[1]

在传统的现代思想史中,人们很少注意到,在这个人们喜欢把它同资产阶级崛起关联起来的时

1　Giordano Bruno, *Heroische Leidenschaften und individuelles Leben*, herausgegeben von Ernesto Grassi, Hamburg 1957, S. 74, 75, 76.

代中,那些承担着理论进程的人是如何试图把自己同以热情著称的人造贵族阶层联系起来的。到了今天,其中所剩无几的就是对天才的崇拜。人们已经忘记了或者可能从未意识到,天才在文艺复兴时期成为基督教神圣性的新异教替代物——但神圣性和天纵英才这两样东西都是对古代假死概念具有时代特色的重新解释:无论在哪里,每个个人都应当抛弃凡夫俗子的自我,以换取一个不灭的、智力和精神的自我。这种交换将中世纪的人带入了圣人的社区;对于近现代早期的个人来说,这相当于被接受为"狂怒"的高等贵族。在布鲁诺的英雄情感理论中,文艺复兴时期的积极取向是通过将重点从冥想的沉思转移到创造的激情上而形成的。被撕碎的猎人的形象生动地说明了在一个充满思想的存在中激情的风险。古代的心灵平静被思想的行为和苦痛所取代。

现代的热情文化在约翰·戈特利布·费希特(Johann Gottlieb Fichte)的作品中达到了巅峰。正如布鲁诺的《阿克泰翁神话》为16世纪崛起的创造阶级带来了一个不断调整的假死概念,费希特则为19世纪初的资产阶级推出了一个全新的、完全重塑的假死设计,可应对新形势的攻击和挑战。当新阶级着手努力,不再像古典时代和中世纪人们那样屈从于事件发展的自然进程,以便为现代人塑造世界的激情提供空间——即有意识地引导历史发展的进程——它可以依靠哲学家们共同的同情。然而,对于那些天选而必须采取行动的人来说,情况不能仅仅停留在混乱的计划、晦涩的交易或自命不凡的炫耀上。费希特的重要洞见就是,现代主义者释放出来的雄心壮志必须被安装上一只道德的眼睛:只有这样才能给彻底变革的力量提供准确的方向感,它是一种扎根于不证自明的善的义务。

　　一个具有如此高度野心的企图必然要回到传统的柏拉图式的假死实践之上。即使在这里,神秘的道路也是向内的——它导引着思想的自我观察,要求主体从其惯常的自我迷失中退却。正如费希特有力地证明的那样,这是思想"无意识地"(这个对现代反思文化产生了巨大影响的"无意识"概念,在这里第一次系统地被重点提出了)服从于外部事物的观念的结果。相应地,一切实践的实践由一个悬置性的远离运动(Distanzierungs-bewegung)构成。思想在持续关注其自身行为的情况下,它撤销了对看似不依赖它的实体致命的、无意识的放弃,对外部世界至高无上的信仰将系统地瓦解,所有由外部因素决定自我的思想活动将被警惕地看穿,任何回归到对独立对象的迷信都将被不断阻止,直到意识的自我放弃的最终残余力量被彻底消除。在这种情况下,唯心主义把自己想象成精神变得更专注于自身运作的纯粹锻炼。如果我们把思考看作将自己从每一种客观主义中撕开,放弃任何一种对先在的、自主的存在的拜物教信仰,那么这在费希特看来就进入了一个绝对自由的区域。以前沉迷于世界的自我在这个区域中消亡了，取而代之的是一种由意识照亮的、"内生的"、无条件的活力（Lebendigkeit）。从那时起，有知识的人是一个纯粹的绝对功能者。他把自己看成一条射线，它从每一个自我中预先蕴藏着的神性中发射到现象世界中去。他把自己理解为理念的授权代理人，并作为一个生活在地球上，又被最高动机所浸润的处于假死状态的人。

这一点的新意在于从沉思到主动进攻的重新定位中表现出来的激进性质。费希特用"统治者"（Regenten）的例子来解释他所推崇的消亡了但同时又还幸存着的生活方式。他把统治者想象成被科学理论启蒙了的当权者。他在其 1805 年夏季学期的第八次埃尔朗根讲座《学者的本质及其在自由领域的表现》中说：

（统治者）认识到自己是神性的首要和最直接的仆从之一，是神性与现实交流的有形存在的器官之一。……他的意志永远不会仅仅是某个事情发生了，而是理念要这个事情发生。当理念沉默不语，他也会三缄其口，因为他只会为了理念而发声。……这样一来，"理念"就完完全全且毫无保留地占有和渗透了他，他本人和他的一生中就没有任何东西不在它的祭坛前作为永久的牺牲而永续燃烧。于是，他是上帝在世界上最直接的表现。[1]

完全有理由认为费希特是在勾勒一幅间接的自画像——因为在一个共同生活的社群系统中居于上位的无私的政治统治者和一个在热情的观众席前的逻辑统治者之间的类比过于明显。这里，我们遇到了一个后来被人们称为原教旨主义的反思形象，只要它是通过这个概念由某个表面上的神圣授权所产生的行动，一个微妙的区别在于，那些通常宣称是原教旨主义的人会很快就屈从于故

1　*Fichtes Werke*，Band Ⅷ，Berlin 1971，S. 81f.

意过度膨胀的权威,无论它是神圣的经文还是什么意见精神领袖。另一方面,费希特所定义的行动则声称是完全内在地产生于思考者的显而易见的证据。

这种哲学没有以邀请进入沉思生活作为出发点:它发出了参加创造合乎理性设计的世界的圣战召唤。作为先逝者,在道德战场上的参与者(费希特与马克思不同,他认为这场战役将持续到开放的未来,没有任何最终胜利的概念)不需要担心他们的人身安全。在他 1800 年所著的《人的使命》(*Die Bestimmung des Menschen*)中,费希特展示了他们在突破到精神领域后会发出什么样的言论:

> 以往将我的心性束缚在这个世界上的线……被永远切断了,我自由地站在那里,甚至我个人的世界也都平静而无动于衷……所有痛苦和所有对痛苦的敏感性的必然结局是死亡;而所有自然人习惯于认为是邪恶的东

西,对我来说却最不邪恶。事实上,我不会为自己而死,而只是为他人而死,为那些留下的人而死,我从他们的群体中撕扯出来;对我自己来说,死亡的时刻就是一个新的、更辉煌的生命诞生的时刻。[1]

费希特的超人是一个超越死之人(Übertoter),他将比任何正常的活着的人更具有活力。事实上,活着的人和假死状态的人之间的关系是相反的:非理想主义者其实是死人,他们只在其生物外壳中游走于这个世界之上;而那些被唤醒为现实理想主义的人才体现了真正的活着的人。根据费希特的儿子的说法,这位哲学家在1814年1月底去世前说的最后的还能让人听明白的话应该是:"我觉得我已经恢复了。"尽管没有直接使用这样的字眼,但在他晚期的作品中,费希特已经越来越

---

1 *Fichtes Werke*,Band Ⅱ,Berlin 1971,S. 311 und 315.

坚决地走向了知识的天使化。他提出的论断，"我们不需要知识的承载者。知识必须被视为……自己承载着自己"[1]，切断了经验的人与将在他身上产生的绝对必要的知识之间的纽带。人类只是一种成为天使的手段，如果他做出努力，就可以成为天使。被知识启迪的意志只接受世界作为无穷尽的改进的材料。

相反，如果谁认为，知识是"任意一个人的偶然情况，并认为他掌握了知识"[2]，那么他将没有能力掌握哲学的思想方法。因为在费希特看来，哲学思考意味着在一个人的意识中放弃任何教条式的前提条件。同样，甚至被非哲学家或不好的哲学家固执地预设了的"人"也应该被抛弃。只要我们对于知识一无所知，那么我们就对所谓的人

1　*Fichtes Werke*，Die Thatsachen des Bewußtseins，18ro，in，Werkella.a.O.，S. 688.

2　*Fichtes Werke*，Band Ⅱ，Berlin 1971，S. 311 und 315. 45 Ebenda，S. 689.

一无所知。即使人们能够很快认识到自己的同类，也于事无补，因为这只会让他们建立起被誉为"对话"的相互无知的同盟。逃离到"主体间性"之中，除了导致共同的困惑以外，毫无意义。

费希特先用三言两语斥责了 20 世纪哲学中很大的一部分。他在权衡了共识主义之后，发现它在哲学上是不合格的。在他看来，对每个个体来说，关键是要突破到无条件的、接近天使般自由的层面；只有这样，平行的热情之间才有合作的可能。虽然他认为"主体间性"是一种半智能的幻象，但相互照应的关系在他看来还是值得考虑的。不是人拥有知识，而是——如上帝所愿——知识拥有人。我想没有必要解释为什么这种对资产阶级时代人的认知假死的设计，在 19 世纪或 20 世纪都没有找到值得一提的追随者。[1]

1　唯一的例外是围绕在莱因哈德·劳特（Reinhard Lauth，1919—2007）周围的慕尼黑费希特学派，它仍然是一块失落的、前卫的反动飞地。从劳特教授后来亲伊斯兰教的发展上来看，我们可以看到费希特主义是如何过渡到圣战主义的。

最后，我想探讨一下保罗·瓦莱里（Paul Valéry）的作品对与认识的假死模型有关的古代欧洲传统的美学修正。许多文学史专家认为瓦莱里是 20 世纪法国最伟大的诗人。1894 年前后，年仅 23 岁、居住在蒙彼利埃的瓦莱里，开始收集关于将一个完美的知识分子的一切特征集于一身的人造人物的想法。这个大胆的人物被称为泰斯特先生（Monsieur Teste），这个名字有"头"和"证人"的双重含义。创作它的作家把它当作一个试验品，用于试验一个致力于清晰（Klarheit）的存在。清晰是一个反生命的准则；它的目的是用思想来遏制生命，从而实现生命的提升。瓦莱里的知识分子木偶是所有那些真正存在的没有特征的人的原型，他们造访了 20 世纪，从罗伯特·穆齐尔（Robert Musil）到费尔南多·佩索阿（Fernando Pessoa）再到马克斯·本斯（Max Bense）。在瓦莱里开始用泰斯特先生进行试验的同一年，他开始养成一种永久性自我分析的习惯，这在文学方面的痕迹就是开创了思考日记这种文学体裁。瓦莱里的《笔记》(Cahiers)是 50 多年来每天以书面形式记录清晨冥想的结果，它无疑是 20 世纪已知的知识分子在不断实践中存在的最具强度的证据——巴黎国家科学研究中心 1957 年至 1961 年出版的 29 卷复印版包含超过了 26000 页内容。[1]其中包括一版大约 3000 页的、由瓦莱里自己编辑修订的、按"主题"或聚焦的概念分类的《笔记》。[2]

　　泰斯特先生这一人物形象完美地将柏拉图主义和花花公子的形象结合了起来。我们可以通过想象埃德加·爱伦·坡描述的苏格拉底形象来无限接近他的本质（或者更是接近他的设计），就如同他曾有幸出现在这位伟大的先哲的死亡现场一样。爱伦·坡仿佛描绘出了一个处在生与死的边

---

[1] 《笔记》第一卷的附录中汇总了瓦莱里在 1894 年至 1945 年期间的 261 个笔记本的条目(der Bibliothèque de la Pleiade Paris 1973，S. 1374 - 1415)。

[2] Zwei Bände, Paris 1973，1974.

缘上的怪兽,它不是像《瓦尔德马先生的案子》那样一种令人着迷的恐怖故事的风格,而是逻辑艺术精神的风格。这部实验哲学的长篇小说将认真探讨理论优先于生命的首要地位,以及直觉思维与其生物载体之间的分离。爱伦·坡的苏格拉底在一个具体问题上超越了柏拉图:这位智者不会等到他被处决的那一天才首次透露关于智力与身体生命分离的信息,他亦不会一直等到年老之时才揭示其生活方式的秘密。他会从发现反生命原则中把精神变成年轻人和最优秀的力量的事业。他将冒着风险,让雄浑的怪物出现,来见证可能性感官病态地凌驾于现实性感官之上。他们将是对存在有所保留的运动员,坚决地通过自我实现来抵制诱惑。

这正是年轻的保罗·瓦莱里在文学创作中的具体表现。以泰斯特先生的形式,将内在的观察者建立起来,并拥有如此强大的力量,以至于他自己的存在只能作为无情的理论构建的初始材料。

泰斯特是一个正式与生活的首要地位决裂的人，他不是生活在长期学术合同的保护空间中的理论废人，而是一个不在任何人面前有所隐藏的逻辑运动员，然而他又只被少数几个感觉到他的存在理由（raison d'être）的人注意到。他的存在如同思想的虚拟包豪斯中的工作间管理者。他在精确性和灵魂的衔接面上发挥影响。一旦他从事一份实际的工作，那么就只能在一个艺术和超心理学的中心活动。他只把自己看作可能性曲线游戏中的一个变量。这就是为什么瓦莱里写道，"（他）存在于最一般的内部空间"[1]，他住在一个"纯粹而平庸"[2]的地方。无论是否收拾整洁，他总是把这个地方当作一个逻辑实验的容器。在这个容器中没有任何信息表明这是一个可居住的地方，如果说居住意味着在空间和居住者之间建立一种联系的

---

1 Paul Valéry, *Werke*, *Frankfurter Ausgabe*, Band Ⅰ, Dichtung und Prosa, Frankfurt am Main und Leipzig 1992, S. 315.

2 Paul Valéry, *Werke*, *Frankfurter Ausgabe*, Band Ⅰ, Dichtung und Prosa, Frankfurt am Main und Leipzig 1992, S. 315.

话。更加不可思议的事实是,泰斯特与他本人以及他的生活故事也没有任何联系,没有任何能够联系到琐碎而日常意义上的"个性"的东西。因此,《与泰斯特先生的夜晚》的叙事者可以写道:"泰斯特先生没有任何意见。我相信他能够任意地激发起自己的激情……"[1],"当他说话的时候,他从来不会抬起手臂或只是手指。他已经杀死了他的傀儡。他从不微笑,也不道早安或晚安;他似乎听不到那句'你过得怎么样?'"。[2] 在 1906 年左右的《笔记》中有一段类似的话。"他知道得太多了,活不下去了。"[3]

简而言之,泰斯特先生是一个不落入个人自我实现陷阱的智者。他拒绝成为一个"人物";他对自己提出的唯一要求是保持最密集的可能性形

---

1 Paul Valery, *Werke*, a. a. O., S. 310.

2 Paul Valery, *Werke*, a. a. O., S. 308.

3 Paul Valery, *Cahiers/Hefte 6*, Frankfurt am Main 1993, S. 558.

式。因此，他拒绝成为"非凡"。"我讨厌一切非凡的东西。这是弱的精神的需求。"[1]他知道，每一种对天才的崇拜都是基于情感舒适地屈服于从外部审视的智能。真正的智力是可操作的；它生活在与模拟智力的协同工作之中。泰斯特先生只接受以斯宾诺莎的精神提出的问题："一个人可以做什么？一个人可以做什么……！"然后他以近乎苏格拉底式的逻辑和精妙的言辞补充道："你知道一个人，他知道自己不知道自己在说什么！"这样的无知不能归结为那种简单的自相矛盾，在这上面，苏格拉底式的琐碎情感——"我知道我一无所知"失败了。泰斯特先生的无知是一盏要求了解一切已知事物所有隐藏含义的谨慎的学科警示灯。在这种达到了无穷大的要求面前，积极的知识和本地的证据无一例外地失败了。正因此，泰斯特先生的知识已经打破了认知最终极限的幻觉。在它

---

1 Paul Valéry, *Werke*, a. a. O., S. 315.

领域里的规则是："思考就是不间断地画去/细筛
（Durchstreichen）。"[1]如同在一切实践生活的文化
中一样，即使在知识的文化中，有用的也只是当下
的形式。思考过是一回事，现在再思考是另外一
回事——而唯一重要的是这个不断创新的"另一
回事"。

　　瓦莱里用他的逻辑假人"泰斯特先生"证明
了，知识分子、运动员、处于假死状态的人和天使
是如何融合在一起的。顺便说一句，像这样一个
"可能的人"（Möglichkeitsmensch）一样的怪物甚
至可以在不违背其基本原则的情况下结婚——他
生活在一种不受婚姻现实影响的元独身主义中。
瓦莱里让这位模范男人的妻子说出了一些关于他
的存在方式的最有力的话语。在一封写给朋友的
信中，埃米莉·泰斯特说，她丈夫存在的一个重要

1　Paul Valéry, *Cahiers/Hefte 6*, Frankfurt am Main 1993,
　　S. 551.

特征是严厉:"我不相信有人能像他那样执着。他用一句话打碎一个人的精神,我觉得自己就像一个制作得不成功的花瓶,最后被陶匠直接砸醉。尊敬的先生,他像天使一样严厉!"[1]泰斯特先生勇敢的妻子不仅提到了圣保罗《保罗寄罗马人书》中关于陶匠的寓言,这则寓言故事针对人类的反对意见,为上帝对个人福祉或不幸做出的看似毫无章法的决断进行了辩护;女人似乎还非常熟悉柏拉图关于苏格拉底神游状态(Absence)的典故,比如她对丈夫的状态进行描述时这样写道:"他敢于远离平常的时间,进入任何一个……困难的深渊中。我想知道他在那里会怎样……人们肯定曾经见过他处在那种过度的神游状态之中!——在这种情况下,他的整个脸孔都发生了变化,消亡了!……然后我就非常确信,再多一点这样的自我沉浸,他就

---

1 Paul Valery, *Werke*, a. a. O., S. 331.

会隐藏起来了！"[1]泰斯特夫人还提到了与一位天主教教士的交谈，教士把她的丈夫描述成一个"隐居的怪物"，并指出了他的身上有种撒旦式的高傲。然而，由于真正的傲慢需要屈从于一种积极的品质，骄傲"在一个已经得到太多锻炼的灵魂中"会反过来反对自己，从而演变成一种没有任何明确方向的普遍优越感。泰斯特先生对于骄傲来说太过骄傲，对于自由思考来说太过自由。完美的智力化存在的自豪感遵从如下的箴言："蔑视你的邻人如同蔑视你自己一样。"[2] 1934 年，在他创造了笔下的实验人物 40 年之后，瓦莱里再次指出："好吧（泰斯特先生说）。本质（das Wesentliche）反对生命。"[3]

到此，我将暂且不再提及更多关于柏拉图式的假死模式的变体及不同发展阶段，不过我要指

1　Paul Valery, *Werke*, a. a. O., S. 334.

2　对比：Paul Valery, *Cahiers / Hefte 6*, a. a. O., S. 618f。

3　Paul Valery, ebenda, S. 629.

出的是,有鉴于大量相关文献,它们中的每一个变体都几乎是任意的。古代欧洲人为了获取纯粹的认知而进行的苦行冒险,到现在已经跨越了近2500年的时间。任何思想史家和类型学研究者都不会认真地以为,仅凭我所介绍的几个例子就能穷尽这么大一个时代的内容。然而,我们做出的探索为认识这个主题的具体性质提供了足够的观察,也使我们能够建立一些重要的常量。我将只谈三个最重要的特点,没有这三个特点,我们就无法理解为了知识而走向美丽死亡的高级方法艺术。我称第一点为从世俗生活中退却,第二点为加强不同寻常的见证,第三点则是用小的主体性换取大的灵魂。

关于第一点,请允许我用简单的话语再阐述一下。在《你必须改变你的生活》一书中,我用了很长的一个章节来讨论退却现象,在那里,我还非常详细地讨论了面对普通存在的异化过程(Entfremdungsverfahren),我将之称为"退出"

(Sezession)。[1] 所有理论和伦理生活在某种程度上都是带有退出性质的,因为它建立在抛弃可以团结大多数人的极大概率之事,从而重新定居在高度概然的领域里的决定之上。通过思考而生活在退却之中归功于人们的疏离技术(Distanzierungstechnik),人们借助这项技术来让自己置身于理论特区。

我在刚才提到的《你必须改变你的生活》一书中已经通过涉及那些被误认为是"宗教"的苛求的、伦理的生活形态表明了这一点;几乎同理,这一点也适用于认识论的野心家们。如果我们只想把胡塞尔口中所说的悬置看作一种心理行为而不是别的,那么就不可能恰当地理解什么是悬置。激进地对承认现有之事物保持不表态的立场实际上包含的不仅仅是将世界和生活的日常态度"纳入括号之中"。在过去的 2500 年里,连同其全部

1　*Du mußt dein Leben ändern*，Kapitel 6：Erste Exzentrik. Von der Absonderung der Übenden und ihren Selbstgesprächen, a. a. O.，S. 338－378.

存在而发生的"悬置"已经呈现出从现实性到可能性的大规模移民。在以等级为基础的社会中,这种在每个时代都有无数个人踏上的移民道路,似乎主要是从第三阶级(资产阶级)和第二阶级(贵族)转移到第一阶级(神职人员)。然而,"神职阶层"只是对难以捉摸的移民的一个模糊称呼。这迁移包括知识分子从愚昧中永久移居,道德感从真实存在的卑劣中永久分离出来,以及完成对技能界限的永久超越,从而达到更高的技艺水平。有时,一个当下已经消逝的 20 世纪初的政治民俗试图暂时将永久的悬置恢复为对制度化社会的永久革命——并以一种我们知道其结果的方式告终。

　　对于第二点,也没有什么可补充的了。试图加强一个人的内在见证(innere Zeugen)——它内化于生活过程之中,就像在自己的灵魂中设立了一个不同寻常的观察岗哨一样——在心灵原则的历史中已经被多次编纂。从本地生活的观察中诞生出来的东西，这在心智演化的过程中以许多不同的名称出现。在古代印度哲学中，这个对一切都不感兴趣的主体被称为阿特曼（atman），每个感兴趣的存在都是以它为基础的，其最本初的意思类似于"呼吸"或"精神"，并与德语中的呼吸（Atem）一词存在亲缘关系。佛教则提出了一种"无呼吸"的专注。柏拉图主义对东方竞争对手们的回应是它发现了"智性心理"（noetische Psyche），欧洲哲学将其视为不受时间流逝影响的思想灵魂。柏拉图主义者（包括圣保罗）传承了这一形象，并将其称为"内部人"（homo interior），通过它描述了外部的人退出后留下的精神权威（geistige Instanz）——胡塞尔在他关于通过摧毁世界来实现自我获得（Selbstgewinnung）的思想实验中重复了这一主题。斯多葛学派以"内在雕像"的形象来阐释精神残余物；实践的生活应该积极致力于形成这种内在雕像。中世纪的神秘主义者则在谈灵魂的火花或内在堡垒的微妙居民。现代之初,亚当·斯密在他的道德情感理论中引入了"无偏见的观察者"。这个人物所担负的任务是在情感冲突中为个人提供建议,并在总体上倡导一种崇高的道德。德国观念论者强调先验的主体,有时它被解释为绝对精神在个人主体中的前哨。最后,后观念论者们倡导一种批判性的主体,它可以在黑暗中观察,并成功地穿透一般厄运的"迷惑的联系"。在由卢曼的系统理论所创造出的最新版本的见证者神话中,人们提出存在着一个聪明地观察着其他观察者行为的观察者——与此同时,思考抛开与"真理"的外部锚点的关联,是一阶和二阶(或高阶)观察之间的差异。见证者意识的所有变体都假设了一个或多或少偏离中心的智能(偏心总是向内的),能够从其有策略地获得的隐居状态中获得一定程度的概貌和洞见。这个系列整体呈现出一种趋向于无序的趋势,仿佛精神不得不屈从于逐渐走向自身世俗化的义务。

同从外部世界撤离的主题和内部见证者的

形象一样，假死文化的第三个共同特征，即用局部的自我来换取更高级的自我，亦是一个极度宏大的话题，我在这里无法予以充分讨论。在我之前关于乔尔丹诺·布鲁诺作品中猎人和猎物之间的逆转关系的讨论中，我提到了主体变化的模式对整个柏拉图主义和新柏拉图主义领域的重要性。这种主体变化产生了一种部分是僧侣式的，部分是平民式的死亡修辞，在这种修辞中，感知者在被感知之物中消亡是为获得更高级的真理而必须付出的自然代价。时至今日，理论界尚缺乏一部在科学性上令人满意的关于美丽死亡的思想史，这就是为什么我在这里只能一一指出它们，却无法用具有足够学术性的方式来讨论它们。

无论如何，看一眼传统就能证实这一观察的基本趋势：正是这些假死状态之人的认识论美德让他们这些精致的怪物有资格从事理论职业。当然，我们今天不再公开谈论抹去自我和理论方法之间悲怆的关系；我们一般放弃形而上学的震耳欲聋的舞台雷声,而满足于表面上人畜无害的入门课程,在这些课程中,以往死者的美德被谨慎地转移到新生一代的手中。我们教导年轻的学者们要寻找超越个人的立场,而不需要他们禁食和祈祷。我们教育理论工作的新人要尊重殊相中的共相和共相中的殊相;我们唤醒他们对一切事物的形式感,以最不引人注意的方式引导他们进入思想家的抹去自我的状态。历史的道德在今天也仍然是:人们应该尽可能地让自己隐藏在他们的术语方法背后。在自然科学中,人类观察者完全退缩到通过设备观察进行"测量"的背后,而"主观因素"只有在解释测量结果时才会尽可能谨慎地发挥作用。

就作为主角的从事理论工作的人而言,如果这种从他们自身——所有的个人存在——当中退却的做法凝固到血肉之中的话,方法的首要性对于他们将成为第二天性,而对象的优先性则几乎成为一种"个人"需要。一般来说,今天的学术研究就像一个普通的职业一样,仿佛在征服世界的这一划时代项目上协作已经成为一项常规任务。在非学术的情况下,理论工作者往往面临着第二生活,在这种生活形式中,理论的主体或多或少也要回到普通的思想和感知形式。这样一来,日常生活中的存在就成了不宜之于口的补偿性训练,它的存在则是用来对抗人们在从事专业性科学时所必须持有的片面性。生活的日常与艺术非常规地相辅相成,好以明确的形式再次塑造出自发的生活体验的隐性的巨量财富。科学会让我们的世界和自身的关联变得人为化,而当我们有了艺术,才不至于毁灭。

IV

认知的现代性：刺杀中立观察者

女士们，先生们！我们的阐述过程现在已经慢慢来到了一个十字路口，它可以将我们引向三个不同的方向。第一条道路会把我们直接带到出口处，因为人们可以认为我们在这个问题上已经达到了目的，并且已经就这个话题得到了在我们当前所掌握的前提基础上所能实现的一切。如果我们沿着这条路走，可以立即合上文本，并感谢您的关注。如果我们走上第二条道路，那么我想遵循马克斯·本斯的建议。他指出，在抽象的反思中，人们应该时常回到一个个思想史上的人物，

"把几乎不被承认的精神上的非人性转化为一种美丽的直接性"[1]。这样一来,我的讲座将不得不以当地观察范围内的一些案例研究而结束。出于一些显而易见的原因,我并不会这样做。最后,在第三条道路上,我们将有机会结束我们已经开始的相对宏大的叙事,而这正是我现在想做的。

人们似乎可以在这个领域中加速行事,并对我在开始时就已经指出的结果感到满意。的确,到了故事的终点就不可能再有怀疑:认识论的现代性已经在最广泛的战线上渗透进去,与漠不关心的理性的崇高虚构决裂,并将认知主体从其人为的僵化中唤回。如果说这种情况中有什么需要解释的点,那就是要对这个过程做出恰如其分的评价,无论我们是把它算作现代主义的一项解放性善举,还是把它当成导致不确定结果的神

1　Max Bense, *Vom Wesen deutscher Denker oder zwischen Kritik und Imperativ*, München/Berlin 1938, S. 7.

秘犯罪。双方都有论据。由于从现代理性文化中彻底消除假死状态的人是在反传统的动荡氛围中发生的，所以越戏剧性的观点在开始时似乎越具有说服力。形而上学的反叛者首先是为了消灭强大的"幽灵"而斗争，形而上学时代的人用他们在此生可以预见的来世的幻象幻化出了这样的幽灵。

　　只要在杀害假死状态下的人时没有一个如此盛大的阴谋家联盟在场，我就可以仅仅指出问题所在后打住，从而不与现代主义和天使主义（Angelismus）的现代部分——或者说同分离的智性灵魂的形而上学——告别。对古代欧洲理论主体的清算绝不是杀手单干就行的。事实上，它是大量平行的理论攻伐发展导致的，其中每一个都对整体结果有所贡献。我统计了一下，一共列举出了十名杀手。每个人都列举出了自己的理由说明为何要与理论家的鬼魂算账。我们也可以理所当然地认为，更详细的研究下，能产生出一份更长的名单:适当地编纂之后,它们看起来就像 18 世纪末以来欧洲的科学、哲学和政治史一样丰富多彩。它们的全球主题将是近代西方思想的主要事件,人们可以称之为认知的世俗化,这个过程被证明是认知的政治化,并在早期就衍变为自然主义和文化主义的变体。最重要的是,自黑格尔死后,现代反思的先锋派努力对古典传统发起冲击:这导致了我们现在所说的后形而上学基本立场上的思想。实质上,这个案例是作为对中立理性的批判而进行的。

我想再一次援引"天使之死"的戏剧性形象来描述认知现代主义为旧认知理论的神圣怪物——为了便于更好地认识而离开生命的处于假死状态的人——准备的命运。十个阴谋家来到了现场,十把匕首拔出来准备出击,即使所有的打击没有同时落下,它们也被联合在一起产生了综合效用。我将跳过对天使倒地时的景象描述,但至少请允许我简短地检查一下刺客的阵容。既然没有马克·安东尼（Marc Anton）[1]出现，为认识论阴谋的高贵受害者举行葬礼演说，就必须有人开个头，试图填补这个空白。然而，我并不想煽动罗马或图宾根的人民对阴谋者进行报复。由于我更愿意在不否认对受害者的尊重的前提下试图来理解谋杀者们的动机——同时，我亦不对他的复活能力进行评判——所以我只须列出攻击者的名单并猜测他们的行为动机。

这里首先要提到的是理论在实践中的重新嵌入，这在德国首先与青年黑格尔派提供的新动力有关。这一转变预示着一种普遍的认识论氛围，它扭转了两千多年来理论生活的分裂局面。人们或许可以用略显轻描淡写的口吻说：第二次民主实验开始了，至于为什么称之为民主，因为如前所述，它只不过是将实践和政治生活放置在相对于

1　马克·安东尼（公元前83—前30），古罗马政治家和军事家，出生于罗马。——译者注

其他一切存在项目的优先地位。这样一来，民主中的壮丽虚构，即沉思的生活，被降格到了适度的形式。"民主"这个主题词标志着常识优先于英雄主义思想——它确立了团结的首要地位，而不是个人重要性的典范形象；并宣称公共利益的重要性高于傲慢的个人在幸福中的个人利益。在这里，我将提到卡尔·马克思的名字，并以他来代表这一倾向的众多哲学家。尽管他可能只是民主利益的一个可疑的见证者，但他在使理论服从于实践生活方面发挥的先锋作用是毫无疑问的。他的作品同现实对理论领域的宿命式的入侵有关。至于为什么说这一转折是宿命式的，正是因为马克思把现实的本质不仅解释为物质生产，而且解释为获取产品的战争，同时，也因此解释为永久的阶级战争（直到生产者最后取得胜利）——其结果是，从那时起，所有的思考都不得不在当前最漫长的斗争的各自阵线上采取一种立场。从思想史家的角度看，没有必要详细解释为什么将欧洲古老

的理性文化与马克思主义的基本信条联系起来的
激进转折是有史以来最为彻底的：以往所有的沉
思，现在都应该是动员。现在不纯粹的理论的持
久灾难始于 1848 年 3 月革命前引入的好战主义
及其在哲学中对内战的预设。

　　我将提到的第二个因素是现代思想对认识论
主权主义虚构的背离。在这方面，抛开一切其他
的思想家，首先要提到的人物是弗里德里希·尼
采，他的理论推动力相当于对透视主义理性的批
判。尼采的著作对理性批判的贡献大致相当于证
明了所有的认知都是局部性的，以及在模仿神的
眼睛时，没有一个人类观察者能够走到真正超越
自己的位置。新的认知批判建议是，不要为了超
个人智慧的幻影而跳出自己的皮肤；相反，要完全
滑入自己的皮肤，以便最大限度地利用独特的存
在所具有的完全无法替代的视角所提供的认知机
遇。没有必要解释在没有事先决定两者的优先顺
序的前提下，科学如何不断走近文学，以及理论如

何被转化为信条。

　　第三，我想提出一个与前两个密切相关的刺杀攻击。我称其为偏袒思想对古典冷漠原则的渗入。有一众知识分子非常崇尚偏袒原则，然而现在我只想引用乔治·卢卡奇（Georg Lukäcs）作为其中的代表。卢卡奇在 20 世纪的哲学家中占有特殊的地位，这个地位既非常突出，亦很有问题；因为他在追随马克思主义之后，就试图把"阶级意识"的原则上升为所有道德上可代替的知识活动的先验之物。在这方面，他不仅为用"资产阶级科学"这一斗争范畴轰击古老的欧洲学术界做出了自己的贡献，在他的帮助下，每一种非马克思主义的理论形成形式都被诋毁为"现有秩序"的帮凶；此外，卢卡奇还参与到了理想化苏联"革命暴力"的活动中。卢卡奇做了必要的事情来否定逻辑和平主义，然而正如我之前所指出的，如果没有逻辑和平主义，古代欧洲学术领域的异托邦——以及它在学者共和国的平民和平主义中的反映——就不可能存在。从这个角度看,作为 20 世纪左翼知识界法西斯主义代表人物的卢卡奇被部分共产主义组织视为局外人,因此,通常没有遭受到明确的批评,成为一个悲剧性的而又隐秘的人物。在他的理论中响起的法西斯主义始终以夸大战争作为现实的终极手段,无论它是使用种族战争的右翼术语,还是阶级战争的左翼语言。

在我的名单上,第四点留给了现象学分析对西方理性文化的颠覆,它将所有理论置于"氛围"的前理论基础之上。这里最值得一提的关键人物是马丁·海德格尔,这位哲学家也非常明确地和上述三种对纯理论发动攻击的运动同属一脉。尽管人们一再批评海德格尔一度靠近 1933 年"国家社会主义革命",但这种指责只有在嵌入现代哲学对沉思理性传统的背离中才能得到正确的理解,而海德格尔在此之后无比悔恨地想回到这个传统中去。他的例子揭示了激进主义的危险,激进主义诱惑了现代许多思想家想要成为"革命""历史"

或"事件"的器官。只要我们缺乏对"嵌入的"理性深入而精准的批判，那么无论我们多细致地研究海德格尔不可否认的失误，其价值都十分局限。它通常揭示的更多是控诉者的看法和态度，而不是被指责者的动机。

第五点，我想提及人们对现代自然科学认识的无私信仰是如何被动摇的，尤其因为广岛和长崎事件引发了担忧。被誉为自然科学皇冠的物理学，最迟在1945年8月的两次核弹爆炸后失去了它的清白，这门作为纯理论的科学也被拉进了泰坦之战的动荡之中。例如，德国物理学家和哲学家卡尔·弗里德里希·冯·魏茨泽克（Carl Friedrich von Weizsäcker）参与了"德国炸弹"的研发，虽然该项目并未实现，但他通过创造"科学与责任"这一在未来任何时候都不可或缺的短语得出了结论。魏氏的这一短语，不仅为技术文明中的自然科学制定了伦理认知的箴言，而且为重新确定科学的内涵和政治的外显的配置关系这一无尽的思想难题提供了方法。

第六点，我将列举的是存在主义将哲学系统思维和自然科学意识形态炸裂开来的影响。这个过程也可以追溯到 19 世纪上半叶。它的开场戏是克尔凯郭尔在反对黑格尔时提出，黑格尔构建他的系统时忘记了真正存在的个人。这种方法在 20 世纪中叶达到顶峰，当时让-保罗·萨特受现象学家胡塞尔和海德格尔的启发，提出了他具有广泛影响的介入存在理论。这属于好战态度对沉思理性的渗透，但其具体的区别是，萨特模式下的好战分子并未依托来自"历史"或"革命"的所谓授权，而是完全依赖于一种深不可测的存在选择。我们知道，萨特（在他故意贬低自己，讨好马克思主义社会学之前）把人的本质解释为一种多余的消极性，它通过永久地脱离事实和既往来使自己有效。"介入"这个戏剧性的隐喻揭示了在 20 世纪，即使是一个深刻的人类自由理论也可以用来为毁灭沉思铺平道路。

第七点是知识社会学对学术话语的渗透。它揭露了客观理论的表象,为所有既定的话语都绑定在了学术成功模式和统治者的语言游戏之上提供了确凿证据。20世纪初,马克斯·舍勒(Max Scheler)在他的知识社会学研究中率先对这一系列研究做出了令人印象深刻的总结:他在研究中揭示了认识与兴趣(Interesse)之间不可分割的联系。他区分了三种基本的知识类型:教育知识、救赎知识和统治知识,它们分别对应于人类学上可推导出的关于教育、救赎和统治的三种主要兴趣情结。看似无害的"兴趣"一词——自17世纪以来作为对"激情"(Leidenschaft)的礼貌代称——标志着纯理论的最终灾难。它迫使即使是最崇高的认知形式也要重新进入采取某种立场的生活情景之中。除此之外,我们应该提到两个概念和两个名字,它们始终是学术界的谈话要点:托马斯·S.库恩发展出的范式理论和米歇尔·福柯提出的话语理论。目前,我们还不清楚是应该将这些探索解读为理论领域不做价值评判的民族学,还是应该解读为对话语一致性的批评性曝光。

第八点,我们注意到了女权主义做出的尝试。女权主义试图揭露迄今为止所有的话语秩序都不过是男权统治下的产物。突然之间,我们对男性居然自古以来就在追求知识的领域里作为整个人类的化身而感到震惊。性别研究对于那些假定为无性别的,但实际上几乎完全是男性主导的科学的渗透可以追溯到妇女运动的开端,但是随着明确的女权主义认识论的宣告,在 1970 年代达到了顶峰。理论行为的性别决定论假设,通常会顺带提及其被误解的身体决定论。反过来,身体的物质性应该总是取决于特定文化背景下的具体权力影响。在这里,我们只需要提到朱迪思·巴特勒(Judith Butler)的名字和她有影响力的代表作《身体之重》(1993)。[1]

---

1 德语版标题为"Körper von Gewicht",Frankfurt am Main 1995。

在我们的名单中,第九点是当代神经科学对理论研究中的冷漠的反驳。最近,神经科学对于人类大脑结构中逻辑和情感之间的联系给出了比任何自我观察(无论多么敏锐)所能理解的更深邃的证明。于是乎,这门学科的成果最终要求搁置纯粹的冷漠-情绪理论的梦想。这里要提到的主要人物是安东尼奥·R.达马西奥(Antonio R. Damäsio),他对人类和动物意识的系统研究揭露了关于理性和情感的"笛卡尔式"二元对立关系是站不住脚的,并证明了情感对于所有认知过程的关键作用。[1]

第十点,也是最后一点,是近现代学术研究中克服了对认知者的狂欢神话的例子。布鲁诺·拉图尔是其中最重要的名字。他还首次在政治理论中提出了颠覆性的重新接纳(Re-Inklusion)专家

---

[1] Antonio R. Damisio, *Ich fühle, also bin ich. Die Entschlüsselung des Bewußtseins*, München 2000.

的要求。他认为，从现在开始，专家不应该只作为来自思想世界外部的大使出场；他们不再是原子、星星或柏拉图式的身体等外来本体论力量的使者，也不能再依托于在愚昧无知的人组成的社会中代表外部知识的使命。相反，未来他们必须把自己看成知识的共同生产者，这些知识产生于知识社会之中，并在不同的议会中流通。[1]　像技术一样，科学知识应该被理解为"通过其他手段延续社会关系"[2]。我必须解释为什么第十把匕首尤其让已经躺在那里的受害者特别痛苦。这个从事理论的人再一次短暂地抬头看向身边，在无比的震惊和诧异中对着最后一个攻击者说："还有你

1　比较：Peter Sloterdijk, *Ein Philosoph im Exil oder: Der Mann, der die Wissenschaften liebt.* Laudatio auf Bruno Latour anläßlich der Verleihung des Siegfried Unseld Preises in Frankfurt am Main am 28. September 2008。

2　Bruno Latour, *Der Berliner Schlüssel. Erkundungen eines Liebhabers der Wissenschaften*, Berlin 1996, S. 50.

吗,布鲁图斯[1]?"

以这十把匕首的梗概为出发点,可以写一部理论理性批判,它甚至可以取代迄今为止人们提出的对现代知识领域重新描写的各种建议。在这种情况下,皮埃尔·布尔迪厄(Pierre Bourdieu)对理论人类社会学的研究提出了一些相当有趣的建议,他打算把这些建议作为对学术理性的批判。[2]在我看来,这些尝试无论各自多么令人欢欣鼓舞,都不能算是真正成功,因为它们仍然落于老式社会学的窠臼。[3] 同时,我们从中也看到了,当今理论界,特别是布尔迪厄做出了很好概括的法国理论界,在何种程度上如同一场虚荣的新年聚会。

---

[1] 布鲁图斯指马尔库斯·尤利乌斯·布鲁图斯(Marcus Junius Brutus,公元前 85 年—前 42 年),是罗马共和国晚期的元老院议员,后组织并参与了对恺撒的谋杀。——编者注

[2] Pierre Bourdieu, *Meditationen. Kritik der scholastischen Vernunft*, Frankfurt am Main 2001.

[3] 关于取代传统社会学研究,比较:Bruno Latour, *Eine neue Soziologie für eine neue Gesellschaft. Einführung in die Akteur-Netzwerk-Theorie*, Frankfurt am Main 2007。

它们显示了人性的,过于人性的东西,特别是对声望和特权地位的争夺,给从事理论工作的阶层的行为打下了多么深刻的烙印。布尔迪厄显然证明了科学界特有的一种达尔文主义,其中适用的规则是:最平庸者生存。此外,他还发现了一个与之相一致的霍布斯主义,按照这个观点,理论家和理论家之间的关系就像狼与狼的关系一样。在布尔迪厄观察最仔细的地方,他给予了学术界的风俗习惯最为严肃的讽刺。有时,他是如此接近素材,以至于从更远的距离观察时,那些坚实的知识机构都作为一个个闪亮的点融入话语小战争的马赛克镶嵌画之中。

女士们,先生们!我们现在已经走到了本次科学探究的终点。我意识到,布尔迪厄彻底失望地指出完全世俗化了的从事学术活动的人们的行为方式时,所能提供的前景是如此黯淡,以至于如果我以此来作为今天的结束将会是一个巨大的错误。这不仅是一个言辞组织上的错误,而且从事情本身来讲也是个重大失误,因为:将科学重新嵌入生活世界中(我们再一次使用胡塞尔那个引起广泛学术共鸣的表述),以及将科学或哲学的认知者重新唤回到他们具体的存在中,带着所有的激情和利益的束缚,甚至包括在人类的软弱中再次堕落——这些不仅仅是对古老传统的一种生命的攻击;那种传统认为,唯有那些舍弃了经验性的自我以换取超个人精神的无私者,才能获得真正的认知。这些我们所说的发展也不仅仅是对现代主义认知实验的让步,尼采将之称为"柏拉图主义的颠覆"。它们之所以重要,是因为它们同时带来了科学思想的不可避免的蜕变,而这种蜕变有助于在当今世界中转变那种高要求的、脆弱的和近乎不可能的学术研究事业。在蜕变成功的地方,我们今天仍然可以看到理论界的许多成员身上存在着谨慎和方法之间的正相关关系。在许多领域,禁欲主义和话语文化之间仍然存在着深刻的共识,即使往日形而上学的夸大其词已经失去了可信度。即使在今天的世界上,抛开有问题的发展不谈,从事哲学和科学都依然是对有意识的生活的一种高尚练习,尽管天真的天使已完成其角色。从事理论职业的忠实的生活行动者通过他们的日常例子证明,在死亡和平庸之间必然存在着第三种选择。谁又能排除理论的天使会时不时再次经过的可能性? 如果不是偶尔会有那样的瞬间出现,让我们遥想苏格拉底伫立在门口倾听内心的声音,谁又能忠于哲学这个行当?

为了阐明理论生活的幸福和痛苦,我想把最后的发言权交给一位诗人。事实就是,今天确实是诗人而不是哲学家成功地表达了在忧郁的人非自愿的悬置和反传统的观察者自愿的审慎中的存在。让我们离开科学诸学科的世界,这个世界往往是狭窄而拘束的,并前往主权的边缘性领域。我们在阅读费尔南多·佩索阿的书时,我们读到了簿记员助理贝尔纳多·索阿雷斯的不安:

什么也不是的伟大的暗夜荣耀！不为人知的阴郁的威严显赫……我突然体验到一种荒野僧侣或幽居隐士的崇高感觉,对远离尘世的沙漠上和洞穴里的基督徒的实质有了某种认识。

在这个荒唐的房间里,我这个卑微的无名小职员在桌子上写着似乎是救赎灵魂的字句。我用远处的崇山峻岭那头不存在的日落将自己镀成金色,用放弃生命中的欢乐换来的雕像装饰自己,用我强烈鄙夷的俗世珍饰——我布道指头上的出家戒指,将自己修饰。[1]

女士们,先生们,此刻我只想感谢你们的光临,感谢你们的慷慨和耐心。

---

[1] Fernando Pessoa, *Das Buch der Unruhe des Hilfsbuchhalters Bernardo Soares*, Zürich 2003, S. 18.
译文引自刘勇军译:《不安之书》,费尔南多·佩索阿,中国文联出版社,2014 年。——编者注

Scheintod im Denken
Von Philosophie und Wissenschaft als Übung
Peter Sloterdiijk
© Suhrkamp Verlag Berlin 2010.
All rights reserved by and controlled through Suhrkamp Verlag Berlin.

Simplified Chinese Edition Copyright © 2024 by NJUP

江苏省版权局著作权合同登记　图字：10 - 2021 - 327 号

图书在版编目（CIP）数据

思想的假死 ／（德）彼德·斯洛特戴克著；常呾译.
南京：南京大学出版社，2024.10. -- ISBN 978 - 7 - 305 -
28210 - 2

Ⅰ. B0
中国国家版本馆 CIP 数据核字第 2024UJ8604 号

出版发行　南京大学出版社
社　　址　南京市汉口路 22 号　　　　　邮　编 210093
　　　　　SIXIANG DE JIASI
书　　名　思想的假死
著　　者　（德）彼德·斯洛特戴克
译　　者　常　呾
责任编辑　刘慧宁

照　　排　南京紫藤制版印务中心
印　　刷　南京爱德印刷有限公司
开　　本　787 mm×1092 mm　1/32　印张 6.375　字数 78 千
版　　次　2024 年 10 月第 1 版　2024 年 10 月第 1 次印刷
ISBN　978 - 7 - 305 - 28210 - 2
定　　价　58.00 元

网　　址：http://www.njupco.com
官方微博：http://weibo.com/njupco
官方微信：njupress
销售咨询热线：(025)83594756